Anselm Grün

Trauern heißt lieben

Das Buch

Jeden kann es betreffen. Jederzeit. Gerade in einer akuten Zeit der Not und der Trauer kann dieses Buch eine wichtige Begleitung und Orientierungshilfe sein. Denn Trost und Hilfe, Nähe und Zuwendung, Verständnis sind gerade in den chaotischen Zeiten nach dem Verlust eines wichtigen Menschen lebenswichtig. Gefühle der Wut, des Gekränktseins, der Schuld können sich in den Schmerz des Verlustes mischen. Der Trauer einen Raum im Herzen zu geben, dazu ermutigt Anselm Grün. Die Liebe wird durch den Tod nicht zerstört. Sie geht über den Tod hinaus. Die Botschaft des Verstorbenen zu verstehen, ihm nahe zu sein in dem, was ihm wichtig war, kann ein Weg ins Leben und zu neuer Nähe, zum Aufbau einer tiefen Beziehung sein. Mit zahlreichen Ritualen.

Der Autor

Anselm Grün OSB, Dr. theol., geb. 1945, Mönch der Abtei Münsterschwarzach, Geistlicher Begleiter und Kursleiter für Meditation, tiefenpsychologische Auslegung von Träumen, Fasten und Kontemplation. Langjährige Erfahrung in Begleitung Trauernder. Unter seinen Publikationen: Lebensfragen; Buch der Antworten; Das kleine Buch der Engel; Weisheit aus der Wüste. Sein monatlicher Rundbrief „einfach leben" erreicht zahlreiche Leser (www.einfachleben.de).

Anselm Grün

Trauern heißt lieben

Unsere Beziehung über den Tod hinaus leben

FREIBURG · BASEL · WIEN

HERDER spektrum Band 6791

2. Auflage 2021

© Verlag Herder GmbH, Freiburg im Breisgau 2015
www.herder.de
Lizenzausgabe Kreuz-Verlag

Umschlaggestaltung: Designbüro Gestaltungssaal
Umschlagmotiv: © Shutterstock

Satz: de·te·pe, Aalen
Herstellung: GGP Media GmbH, Pößneck

Printed in Germany

ISBN 978-3-451-06791-4

Inhalt

Einleitung

In unserem Kloster halte ich immer wieder Kurse für Trauernde und vor allem für verwaiste Eltern, also für Mütter und Väter, die ein Kind verloren haben. Diese Menschen erzählen mir oft, wie sie sich von anderen verletzt fühlen, die ihre Trauer nicht wahrnehmen wollen. Da bekommen sie etwa zu hören: »Das ist doch jetzt schon ein halbes Jahr her, dass dein Mann gestorben ist. Mach mal Urlaub. Dann kommst du auf andere Gedanken.« Trauernde haben, wenn sie so etwas hören, oft das Gefühl, dass sie für andere eine Last sind. Die Bekannten, mit denen man früher im Alltag problemlos verkehrte, meiden die Trauernden. Sie wollen ihr oberflächliches oder in Alltagsroutine befangenes Leben nicht durch den Schmerz anderer stören lassen oder sich mit dem Leid anderer belasten. Was eine Mutter, die ein Kind verloren hatte, erzählte, ist keine seltene Erfahrung: »Meine Freunde wechseln die Straßenseite, um mir mit meiner Trauer auszuweichen.« Dass diese Frau sich wie ausgestoßen vorkommt, ist nachvollziehbar. Eine andere Frau erzählte mir, ihre Bekannten würden ihr ständig einreden, mit der Trauer müsse es doch endlich vorbei sein. Es sei psychisch nicht gesund, wenn sie so lange traure. Mit den Trauernden meiden die Menschen heute auch die Trauer. Doch die Psychologie sagt uns, dass verweigerte Trauer zu Depressionen führt. Medizinische Untersuchungen belegen, dass Menschen, die die Trauer einfach überspringen, oft von Krankheiten befallen werden. Und die Statistik spricht ebenfalls eine deutliche Sprache: Die Sterberate von Witwen, die ihren Mann verloren haben, liegt zehnmal höher als die von gleichaltrigen verheirateten Frauen.

Im Jahr 2013 habe ich in Taiwan vor Christen und Buddhisten über die Trauer und Trauerbegleitung gesprochen. Frau Hsin-Ju Wu, die Leiterin eines christlichen Verlags, der meine Bücher übersetzt, hatte mich eingeladen. Sie hatte Vorträge vor Christen der verschiedenen Konfessionen organisiert, aber auch für ein großes Beerdigungsinstitut, das vor allem Buddhisten als Kunden hat. Zu diesen Vorträgen kamen Christen und Buddhisten. Bei dieser Gelegenheit begegnete ich auch verschiedenen Weisen der Trauerkultur: nicht nur bei den Christen, sondern auch bei den Menschen, die einen spirituellen buddhistischen Weg gehen, und bei den Menschen, deren Trauerverhalten vom Volksglauben geprägt ist. Bei den letzteren ist die Trauerkultur oft von Angst bestimmt und von vielen Ritualen geformt, die abgearbeitet werden müssen. In dieser Begegnung mit den verschiedenen Kulturen ist mir neu aufgegangen, wie Trauer gelebt werden kann und soll. Ich bin Fehlformen der Trauerarbeit begegnet, aber auch Weisen, die für die Trauernden hilfreich sind und ihre Trauer zu verwandeln vermögen. Die Erfahrungen in Taiwan und der Austausch mit Frau Hsin-Ju Wu über die Trauerkultur in den verschiedenen Gruppierungen in Taiwan sind in dieses Buch ebenso eingeflossen wie die Erfahrungen, die ich hierzulande gemacht habe.

Ich gebe oft auch Kurse für Firmen und Banken. Da geht es in der Regel um Fragen der Führung und um Themen der Unternehmenskultur. Ich frage bei diesen Kursen immer auch: Welche Rituale hat die Firma, um mit der Trauer ihrer Mitarbeiter umzugehen? Welche Trauerkultur herrscht in der Firma? Diese Firmen haben sich in ihren Leitlinien meist ausdrücklich zum Ziel gesetzt, die Würde ihrer Mitarbeiter zu achten. Aber oft sind sie gerade in Situationen sprachlos, wenn es um das Thema der Trauer geht. Bei manchen Firmen glaubt man, man müsse die trauernden Mitarbeiter durch die Arbeit ablenken von ihrer Trauer. Und die Erfahrung eines solchen persönlichen Verlustes dürfe kein Grund sein, dass die Mitarbeiter sich nicht voll einsetzen. Konsequenz: Die Trauer darf nicht sein. Und vor allem darf sie in der Firma nicht gezeigt werden. Das stört die Fixierung auf die Arbeit und das finanzielle Ergebnis der Firma.

Doch in den letzten zehn Jahren haben viele Firmen erkannt, dass auch eine gute Trauerkultur zu einer menschlichen Unternehmenskultur gehört. Wenn die Firma die Würde ihrer Mitarbeiter achtet, muss sie auch ihre Trauer achten und mit ihr gut umgehen. Und so habe ich bei vielen Führungskräften beides bemerkt: auf der einen Seite eine Hilflosigkeit, mit Trauer und Trauernden umzugehen, aber auf der anderen Seite auch eine große Offenheit, für sich und ihre Firma neue Formen der Trauerkultur zu entwickeln.

Auch für gläubige Christen gilt: Der Glaube an die Auferstehung und an den Sieg Jesu über den Tod hebt die Trauer nicht auf, sondern er hilft uns, die Trauer zu bewältigen. Die Trauer ist zuerst einmal der Schmerz über den Abschied. Jeder Abschied tut weh. Wir haben das Gefühl, von dem, der stirbt, verlassen zu werden. Das Verlassenwerden erinnert uns an all die Erlebnisse unserer Lebensgeschichte, in denen wir verlassen wurden, in denen uns die Eltern allein gelassen haben oder ein Freund uns verlassen hat, und an all die Verlassenheitsgefühle, die manchmal grundlos über uns gekommen sind. Diesen Abschiedsschmerz dürfen wir nicht verdrängen oder überspringen. Sonst wird er uns irgendwann einholen. Dann wird ein Trauerkloß unsern Hals verschließen. Der Tod eines lieben Menschen ist ein Abschiednehmen. Der Glaube an die Auferstehung sagt uns, dass wir den Verstorbenen im Himmel wiedersehen werden. Aber jetzt ist er gegangen. Jetzt können wir nicht mehr mit ihm von Angesicht zu Angesicht sprechen. Jetzt können wir ihn nicht mehr umarmen und ihn ans Herz drücken. Das ist schmerzlich und tut weh. Und diesem Schmerz müssen wir uns stellen. Die Trauer ist der Weg, den Schmerz des Abschieds zu verarbeiten. Aber zugleich zeigt sich auch: Es geht in der Trauer nicht nur um den Schmerz des Abschieds, sondern um wichtige Themen, die die Beziehung zum Verstorbenen betreffen. Und es geht um die Frage nach meiner eigenen Identität und nach dem Sinn meines Lebens. So möchte ich zunächst einen Blick werfen auf das Wesen der Trauer und die verschiedenen Trauerphasen, um dann vom Trost und von der Begleitung Trauernder zu sprechen und zu fragen, wie wir der Trauer eine Heimat in unserem Herzen und in unserem Leben geben können.

1. Trauern und Betrauern

Das deutsche Wort »trauern« ist mit dem gotischen Wort »driusan« = fallen verwandt. Es heißt also ursprünglich: sinken, matt werden, kraftlos werden. Wer trauert, der lässt den Kopf hängen und er schlägt die Augen nieder. Trauer ist ein Gefühl, das uns einfach überkommt. Betrauern dagegen ist eine aktive Tätigkeit. Die Trauer überfällt mich, wenn ich einen lieben Menschen durch den Tod verliere. Ich erlebe auch Trauer, wenn der Ehepartner sich von mir trennt. Und ich gerate in Trauer, wenn in meinem beruflichen Leben etwas schiefgelaufen ist oder gar wenn ich meine Arbeit verliere.

Die Psychologie sagt uns, dass wir in Situationen eines schmerzlichen Verlustes die Trauer zulassen sollen. Sie ist eine wichtige Reaktion der Seele auf ein Ereignis, das uns traurig macht. Der griechische Trauertherapeut Jorgos Canacakis drückt es so aus: Die Weisheit der Natur hat uns »mit geeigneten Reaktionen ausgestattet, so dass wir ein Leben lang fähig sein könnten, Verluste, Trennungen und Abschiede aller Art, unter allen möglichen Umständen und Bedingungen mit der entsprechenden Trauerantwort gesund zu überstehen. Trauer ist also eine spontane, natürliche, normale und selbstverständliche Rekation unseres Organismus, unserer ganzen Person auf Verlust, Trennung und Abschied.« (Canacakis 23f.) Aber wir sollen nicht in der Trauer stecken bleiben. Wir sollen uns nicht nur passiv der Trauer überlassen. Canacakis unterscheidet daher eine lebensfördernde und eine lebenshemmende Trauer. Lebensfördernd ist eine Trauer, die die Gefühle der Trauer ausdrückt. Der Ausdruck der Trauer hilft uns, den Verlust mit der Zeit zu akzeptieren und uns im Leben neu zu orientieren. Die lebenshemmende Trauer dagegen ist die nicht ausgedrückte und verdrängte Trauer, die aber tief in unserer Seele bleibt und sich gegen uns selber richtet. Sie wird allmählich in uns selber zu Gift. (Vgl. Ebd. 26f.)

Trauer will ausgedrückt werden. Und Trauer bedeutet aktive Arbeit. Die Psychologie spricht von Trauerarbeit. Etwas betrauern heißt: durch den Schmerz des Abschieds hindurchgehen, ohne darin aufzugehen, und durch den Schmerz in den Grund der Seele gelangen, in dem ich zu meinem wahren Selbst komme, in einen inneren Raum der Stille und des Friedens. Zu betrauern gilt es aber nicht nur den Verlust eines lieben Menschen. Auch zerbrochene Lebensträume, verpasste Chancen und die eigene Durchschnittlichkeit müssen betrauert werden. Die Trauer um den Tod eines lieben Menschen ist immer auch ein Betrauern der eigenen Lebenssituation. Denn die hat sich durch den Tod eines nahen Menschen verändert. Da ist ein Lebenstraum geplatzt, mit diesem Menschen alt zu werden. Mir ist etwas Wichtiges entrissen worden, wenn mein Vater oder meine Mutter gestorben ist. Ich muss meine eigene Verlassenheit betrauern.

Betrauern heißt: durch den Schmerz hindurchgehen und in den Grund der Seele gelangen. Am Anfang der Trauer verlieren wir uns oft im Jammern und Klagen. Das darf sein. Aber wenn wir nur jammern, gehen wir nicht in den Schmerz hinein. Wir bleiben an der Oberfläche des Schmerzes stehen. Wir schwimmen im eigenen Selbstmitleid und drehen immer die gleichen Runden, ohne jemals weiterzukommen. Oder aber wir klagen andere an. Auch das Anklagen anderer ist eine Weigerung, in den eigenen Schmerz einzutauchen. Den Schmerz auf diese Weise zu verdrängen, gelingt nicht. Es ist ein Ausweichen. Und so kann die Trauer nicht fruchtbar werden.

Trauer als menschliche Urerfahrung ist zu allen Zeiten beobachtet und bedacht worden. Daher mag es auch für unser Verständnis dieser Emotion heute sinnvoll sein, zu sehen, wie das in der Tradition, auch der spirituellen Tradition gesehen worden ist. Ein Gefühl, das mit der Trauer verbunden ist, ist die Traurigkeit. Wir fühlen uns traurig. Die Traurigkeit überfällt uns. Sie verdunkelt das Herz. Wir sind aber nicht nur beim Verlust eines lieben Menschen traurig. Die Traurigkeit überkommt uns oft mitten im Alltag und nicht nur in Situationen, in denen wir einen lieben Menschen verloren haben. Die Wüstenväter des 4. Jahrhunderts erkennen in der Traurigkeit eine Reaktion der Seele auf infantile Vorstellungen vom Leben. Die Traurigkeit hat einen Sinn. Sie ist eine Einladung, sich von Illusionen zu verabschieden. Evagrius Ponticus hat, wenn er davon spricht, die Vorstellung des schmollenden Kindes, das nicht bekommt, was es möchte. Die Mönche unterscheiden die beiden griechischen Worte »lype« = Traurigkeit, Selbstmitleid und »penthos« = Trauer, Trauerarbeit.

Infantile Wünsche an das Leben gilt es zu überwinden. Eine solche »unreife« Traurigkeit sahen die Mönche als

Laster an, als Fehlhaltung. Allerdings gingen sie davon aus, dass jeder in uns mit der Traurigkeit zu kämpfen hat. Es geht auch gar nicht darum, sie zu unterdrücken, sondern sie zu verwandeln. Und sie kann verwandelt werden, wenn ich mir meiner infantilen Vorstellungen vom Leben bewusst werde. Wenn der Grund meiner Traurigkeit ist, dass ich immer der beste sein möchte, dass immer alles gelingen sollte, dass alles immer so schön sein sollte wie in der Familie meiner Kindheit, dann möchte ich letztlich im kindlichen Zustand bleiben: Alles soll so bleiben, wie es war. Es geht darum, sich dieser Wünsche bewusst zu werden. Denn nur wenn ich mir meiner Bedürfnisse bewusst werde, kann ich sie auch loslassen, ohne in eine andere Gefahr zu geraten, dass ich mich wegen dieser Gefühle verurteile.

»Penthos« ist für die Mönche die Trauer über meine Sünde, über mein Zurückbleiben hinter dem, was ich als Mensch sein könnte. Evagrius Ponticus unterscheidet die Traurigkeit von der Trauer so: Die Traurigkeit ist weinerlich. Sie jammert ständig. Die Trauer dagegen bricht in Tränen aus. Und Tränen können die Seele reinigen und befruchten. Sie bringen etwas in Bewegung in unserer Seele. Die Trauer ist also eine wesentliche Haltung des spirituellen Menschen. Sie bringt ihn durch den Schmerz über das Verfehlen seines Lebens in Berührung mit seiner Seele. Sie aktiviert in uns den Willen, umzukehren und unser Leben zu ändern. Zugleich aber zeigt uns die Trauer, dass wir immer zurückbleiben hinter dem Ideal unseres Lebens.

Paulus unterscheidet im 2. Korintherbrief eine Traurigkeit, die gottgewollt ist, von einer weltlichen Traurigkeit.

Der Unterschied besteht darin, dass die gottgewollte Traurigkeit zur Umkehr und zum Umdenken (metanoia) führt, während die Traurigkeit, die der Welt entspringt, den Tod herbeiführt. (Vgl. 2. Kor 7,9ff.) Die weltliche Traurigkeit trauert um den Verlust der Dinge, die der Welt wichtig sind, wie Besitz, Ehre, Anerkennung, Vergnügen. Die Traurigkeit gemäß Gott dagegen führt nicht nur zur Umkehr. Sie hat als Folge auch die Haltungen wie Eifer, neu anzufangen, Entschuldigung, wenn etwas falsch war, Aggression gegen das, was man verkehrt gemacht hat, Gottesfurcht und die Sehnsucht nach wahrem Leben. Was Paulus von der Traurigkeit sagt, könnte man auch auf die Trauer anwenden. Es gibt eine Trauer, die zur inneren Erneuerung führt, und eine Trauer, die uns erstarren lässt, weil sie den Verlust nicht verkraftet.

Die Psychologie unterscheidet Traurigkeit von der Trauer, indem sie vom passiven Erleben der Trauer (= Traurigkeit) und von der Trauerarbeit (= Trauer und Betrauern) spricht. Die Trauerarbeit ist das aktive Gestalten der Trauer. Die Trauerarbeit bedeutet, Abschied zu nehmen von dem, was bisher mein Lebensinhalt war, nach neuen Möglichkeiten in meiner Seele Ausschau zu halten.

In der Trauerzeit ist es wichtig, das Gefühl der Traurigkeit zuzulassen. Die Traurigkeit braucht Zeit. Manchmal wandelt sie sich von allein. Oft aber ist es auch die Trauerarbeit, die die Traurigkeit verwandelt. Das Betrauern versucht, aktiv auf die Traurigkeit zu reagieren, ohne das traurige Gefühl zu verdrängen. Heute gibt es Psychiater, die die Meinung vertreten, eine Trauer, die länger als zwei Wochen dauere, sei krankhaft. Daher verschreiben sie den

Trauernden Psychopharmaka. Doch das ist ein Verdrängen der Trauer und eine Verneinung wichtiger Gefühle, ohne die man den Verlust eines Menschen nicht verarbeiten kann. Psychopharmaka decken die Trauer zu. Doch dann kommt der Trauernde nie in den Grund seiner Seele. Er funktioniert nur nach außen. Aber er versäumt den inneren Prozess, den die Trauer in ihm hervorruft.

Früher hat man eine feste Zeit der Trauer eingehalten. Man trug nach dem Tod eines lieben Menschen ein Jahr lang schwarze Kleider. Das wird heute nur noch selten so eingehalten. Aber hinter diesem Brauch stand eine wichtige Erlaubnis: Ich kann meiner Seele Zeit geben, ich darf ein Jahr lang trauern. Zugleich hoffe ich, dass die Trauer sich in diesem einen Jahr wandelt. Daher legte man das Trauergewand nach dieser Zeit wieder ab und zog bewusst farbenfrohere Kleider an. Heute müssen Trauernde sofort wieder funktionieren. Sie scheuen sich, ihre Trauer zu zeigen. Trauerkleidung wird oft nur am Tag der Beerdigung getragen. Danach ordnet man sich äußerlich wieder in die Normalität ein.

Auch die liturgische Tradition weiß um die Rhythmen der Trauer und darum, dass Trauernde Zeit brauchen. Sie kennt das Sechs-Wochen-Amt. Sechs Wochen nach dem Tod feiert man für den Verstorbenen eine hl. Messe. Diese Messe bildet den Abschluss der ersten Phase des Trauerns. Natürlich richtet sich die Seele nicht automatisch nach solchen Ritualen. Doch die Rituale bringen Struktur in unsere Emotionen. Nach sechs Wochen wandelt sich die Trauer. Man bleibt nicht mehr in den Gefühlen der Traurigkeit stecken. Das Sechs-Wochen-Amt soll verdeutlichen, dass die Trauernden jetzt in der Eucharistiefeier die Gemeinschaft mit dem Verstorbenen feiern. Dieser Gottesdienst ist nicht wie das Requiem bei der Beerdigung auf die Vergangenheit gerichtet, sondern eröffnet eine Zukunft. Er verweist uns darauf: Der Verstorbene ist bei Gott. Wir erleben in der Eucharistiefeier die Gemeinschaft mit ihm und wir bitten ihn, dass er uns in unserer Trauer beistehen möge, damit sie sich wandelt. Die Liturgie kennt auch das Jahresseelenamt als Totengedenken, einen Gedächtnisgottesdienst nach einem Jahr, der der zeitlichen Vorstellung entspricht, die wir auch beim traditionellen Brauch der Trauerkleidung gesehen haben. Auch das ist ein Ausdruck davon, dass Trauer sich wandelt, dass an ihrer Stelle die Erinnerung und das Gedächtnis an die fortdauernde Liebe steht. An Allerseelen oder am Totensonntag wird dann aller Verstorbenen gedacht.

Wenn heute psychologisch über Trauer gesprochen wird, denkt man meist nicht mehr so eng in Zeitkategorien, sondern bringt Trauer mit der Liebe in Verbindung: Trauer ist Liebe. Und die Liebe hört niemals auf. Aber auch sie wandelt sich mit der Zeit. Und so wandelt sich auch die Trauer. Es gibt Phasen, in denen man die Trauer kaum spürt. Man hat sich dem Leben wieder zugewandt. Aber dann bricht die Trauer auf einmal wieder auf, sobald man sich an bestimmte Situationen erinnert oder sobald man durch äußere Erlebnisse wieder an den Verstorbenen erinnert wird. Trotz dieser anderen Sicht von Trauer ist es freilich hilfreich, die Erfahrung näher zu betrachten, dass Trauer auch in bestimmten beobachtbaren Phasen verläuft, die sich voneinander unterscheiden.

2. Die verschiedenen Phasen der Trauer

Es gibt keine Norm für die Trauer. Jeder trauert anders. Trotz der je persönlichen Trauer, die ihren eigenen Rhythmus hat, haben Psychologen versucht, die Trauer in verschiedene Phasen einzuteilen. Der englische Kinderpsychologe J. Bowlby unterscheidet die »drei Stadien des Protestes, der Desorganisation und der Reorganisation«. (Spiegel 57) Andere sprechen von den drei Phasen, die gekennzeichnet sind von »Schock, Leiden und Wiederherstellung«. Der amerikanische Pastoraltheologe W. Oates geht von sechs Phasen aus: »Schock, Betäubung, Kampf zwischen Phantasie und Realität, Durchbruch der Trauer, selektive Rückerinnerung, verbunden mit bohrendem Schmerz, und schließlich Annahme des Verlustes und Bestätigung des Lebenswillens«. (Spiegel 58) Der evangelische Pastoraltheologe Yorick Spiegel möchte nur vier Phasen gelten lassen: 1. Die Phase des Schocks, 2. die Phase der Kontrolle, 3. die Phase der Regression und 4. die Phase der Adaptation, der neuen »Anpassung an das gesellschaftlich Geforderte«. (Ebd. 58) Natürlich sind alle Versuche, die Trauer in Phasen einzuteilen, zu relativieren. Denn die Trauer richtet sich nicht immer nach den Phasen, die irgendjemand aufgestellt hat. Der Versuch, die Trauer in Phasen einzuteilen, möchte nur etwas Ordnung in die oft chaotische Trauer hineinbringen. Sie möchte den

Trauernden Orientierung geben auf ihrem Weg. Aber es ist nicht so, dass man diese Phasen einfach und automatisch nacheinander durchläuft. Oft genug hat man eine Phase schon durchschritten – und fällt durch ein bestimmtes Ereignis wieder in eine frühere Phase zurück.

Ich möchte mich im Folgenden an die vier Phasen halten, die die Schweizer Psychologin Verena Kast in ihrem Buch »Trauern. Phasen und Chancen des psychischen Prozesses« unterschieden hat: 1. Die Phase des Nicht-wahrhaben-Wollens. 2. Die Phase der aufbrechenden Emotionen. 3. Die Phase des Suchens und Sich-Trennens. 4. Die Phase des neuen Selbst- und Weltbezugs. Allerdings möchte ich die zwei letzten Phasen anders benennen. Ich möchte weniger die psychologische als die spirituelle Ebene betrachten. So nenne ich die letzten beiden Phasen: 3. Die Botschaft des Verstorbenen verstehen. 4. Eine neue Beziehung zum Verstorbenen und zu mir aufbauen. Dabei möchte ich auch biblische Texte – vor allem die Auferstehungsgeschichten – heranziehen, um diese Phasen der Trauer zu verdeutlichen.

Die Phase des Nicht-wahrhaben-Wollens

Die erste Phase als Phase des Nicht-wahrhaben-Wollens hat der Evangelist Lukas in seiner wunderbaren Erzählung von den Emmausjüngern beschrieben. Zwei Jünger können den Schmerz nicht aushalten, den ihnen der gewaltsame Tod Jesu am Kreuz bereitet hat. Der Tod Jesu hat alle ihre Hoffnungen zerstört. Sobald der Sabbat vorbei ist, machen sie sich auf den Weg nach Emmaus. Sie fliehen vor dem Schmerz. Sie wollen mit dem Tod Jesu nichts mehr zu tun haben, wollen ihn nicht wahrhaben. Daher fliehen sie in ihre Heimat, an einen Ort, an dem sie das Geschehen um Jesus vergessen können. Das Nicht-wahrhaben-Wollen ist oft genug eine Flucht vor dem Schmerz, den man nicht aushalten kann.

In der Situation der Trauernden zeigt sich dies im Verdrängen der Trauer: Wir wollen nicht wahrhaben, dass der geliebte Mensch gestorben ist. Wir denken: Es kann nicht sein. Es ist nur ein Traum. Oder aber wir verdrängen die Trauer, indem wir uns in Aktivität flüchten und uns etwa um die Organisation der Beerdigung kümmern. Wir funktionieren nur noch, indem wir die Freunde und Bekannten zur Beerdigungsfeier einladen und die Feier äußerlich gestalten. Wir schneiden unsere Gefühle ab, aus Angst, sie könnten uns überwältigen. Doch die Gefühle lassen sich nicht abschneiden. Irgendwann werden sie in uns wieder auftauchen. Manche unterdrücken die Gefühle, indem sie Psychopharmaka nehmen. Sie haben den Anspruch an sich, dass die Trauer nach vier Wochen vorbei sein müsse. Wenn nicht, dann helfen sie eben künstlich nach. Doch durch eine solche Verdrängung werden Menschen unfähig, zu ihrem inneren Selbst zu gelangen. Sie bleiben an der Oberfläche, gehen nicht durch den Schmerz hindurch, sondern an ihm vorbei. Dieser Weg führt nicht zum Leben, sondern zur Erstarrung. Wenn wir Trauer verdrängen, wandelt sie sich in Depression. Depression ist oft Ausdruck verweigerter Trauer. Und sie kann nur geheilt werden, wenn wir die Trauer zulassen.

Die verdrängte Trauer führt häufig zu Erkrankungen. Trauer will angeschaut und anderen mitgeteilt werden. Ein amerikanischer Psychologe meint, »dass Hinterbliebene, die ihren Schmerz nach einem Todesfall allein mit sich ausmachen, häufiger an Erkrankungen leiden, dass jene aber, die sich in ihrem Schmerz einem anderen anvertrauen, keinerlei erhöhte Krankheitsanfälligkeit zeigen.« (Linn 9)

Es gibt verschiedene Wege, der Trauer auszuweichen. Auch äußere Rituale können dazu gehören. In dem bekannten taiwanesischen Film »Sieben Tage nach dem Tod meines Vaters« wird die Geschichte einer Frau erzählt, die auf den Tod ihres Vaters durch die Einhaltung der äußeren Rituale reagiert. Als sie nach einem Jahr von einer längeren Reise in ihren Heimatort zurückkehrt, kauft sie ihrer Gewohnheit folgend Zigaretten für den Vater. In diesem Augenblick wird ihr bewusst, dass ihr Vater ja tot ist, und sie bricht zusammen, weil sie erkennt: Sie hat gar nicht wirklich um den Tod des Vaters getrauert. Die äußeren Rituale waren vielmehr ihr Weg, dem schmerzlichen Abschiednehmen vom Vater aus dem Weg zu gehen. Sie hat nach außen hin alles genau eingehalten, was die taiwanesische Tradition verlangt. Aber sie hat nicht wirklich getrauert.

Flucht vor der Trauer kann man auch in christlichen Kreisen beobachten. Ein Weg ist die Verdrängung der Trauer durch eine überzogene Auferstehungstheologie. Neulich erzählte mir der Pfarrer einer evangelischen Freikirche, sein Freund sei gestorben und er habe sehr um ihn getrauert. Doch beim Beerdigungsgottesdienst meinten seine Mitbrüder, als Christen dürften sie nicht trauern, sie müssten vielmehr Gott loben und preisen, weil der verstorbene Bruder doch mit Christus auferstanden sei. So sangen sie im Gottesdienst lauter Lobpreislieder. Der vom Schmerz des Verlustes tief berührte Pfarrer konnte nicht mitsingen. Er musste nur weinen. Er hatte das Gefühl, dass man hier die Trauer einfach überspringe, ihr aus dem Weg gehe. Er spürte, wie man sich durch die Berufung auf die Auferstehung davor schützte, sich dem Schmerz des Abschieds zu stellen. Und er spürte aber auch, dass das nicht dem Geist Jesu entspricht, der um den Tod seines Freundes Lazarus geweint hat. Für die Juden, die dabeistanden, war das ein Zeichen seiner großen Liebe. Sie sagten: »Seht, wie lieb er ihn hatte!« (Joh 11,36)

Verena Kast schreibt, dass diese Phase oft als Empfindungslosigkeit erfahren wird. Die entspringt freilich »nicht einer Gefühlslosigkeit, sondern einem Gefühlsschock«. (Kast 62) Man ist so überwältigt von dem starken Gefühl der Trauer, dass man damit nicht umgehen kann und in eine innere Erstarrung flüchtet. Oft drückt sich die Verdrängung in übergroßer Geschäftigkeit aus. Doch irgendwann holt einen die Trauer ein. Verena Kast erzählt von einer Geschäftsfrau, die den Tod ihres Mannes heldenhaft gemeistert hat, indem sie das Geschäft ihres Mannes mit großem Eifer weitergeführt hat. Doch nach einigen Jahren traten psychosomatische Beschwerden auf. Diese zwangen sie dann, sich der Trauer um ihren Mann zu stellen, allerdings vier Jahre nach seinem Tod. (Vgl. Kast 83f.) Eltern, die ein Kind verloren hatten, erzählten mir, dass ihre Trauer nach einem halben Jahr stärker war als am Anfang. Die Traumatisierung am Anfang war wie ein Schutzraum, in dem sie den Schmerz gar nicht ganz wahrgenommen hatten. Sie waren innerlich erstarrt.

Ein amerikanischer Autor hat beobachtet, dass das Vorbild von Jacqueline Kennedy bei der Beerdigung ihres Mannes J. F. Kennedy vielen trauernden Frauen geschadet hat: »Eine Generation trauernder amerikanischer Frauen glaubte, Frau Kennedy imitieren zu müssen, die offiziell ruhig und kontrolliert beim Begräbnis ihres Mannes blieb.« (Linn 13) Doch dieses Idealbild, statt zu trauern, mit zusammengebissenen Zähnen, tapfer und aufrecht die Beerdigung durchzustehen, führt nur zur Depression oder zu anderen psychischen oder physischen Erkrankungen. Nur die gelebte Trauer kann die Trauer wandeln.

In der Begleitung von trauernden Menschen sind mir noch zwei andere Weisen begegnet, die Trauer nicht wahrhaben zu wollen. Die eine Weise besteht in Schuldgefühlen. Die andere in der Anklage derer, die am Tod des geliebten Menschen vermeintlich schuld sind.

Eine Frau kam mit ihrem Ehemann zu mir. Die Mutter der Frau war vor einem Jahr gestorben. Diese Frau hatte ihrer Mutter versprochen, sie zu pflegen und beim Sterben dabei zu sein. Doch genau in der einen Stunde, in der sie etwas in der Stadt einkaufen musste, war die Mutter gestorben. Die Frau machte sich nun ständig Vorwürfe: Warum habe ich nicht gemerkt, dass es mit der Mutter zu Ende ging? Im Gespräch mit mir kreiste sie immer um dieses Nicht-gespürt-Haben. Ihr Mann war hilflos. All seine Beschwichtigungen, sie solle doch die Mutter loslassen, hatten während des vergangenen Jahres nichts geholfen. Die Frau kreiste immer um ihre Schuldgefühle, dass sie beim Sterben der Mutter nicht dabei war. Dabei ging sie aber offenkundig gerade dadurch ihrer Trauer aus dem Weg. Ich sagte ihr also drei Dinge: »Zunächst: Ihre Mutter ist im Frieden mit Gott und mit Ihnen. Sie macht Ihnen ganz bestimmt keine Vorwürfe. Sie möchte vielmehr, dass Sie sich dem Leben zuwenden. Fragen Sie Ihre Mutter, was sie Ihnen sagen möchte. Dann: Viele Väter und Mütter warten mit dem Sterben, bis der Sohn oder die Tochter aus der fernen Stadt gekommen sind. Und dann sterben sie. Doch viele warten auch, bis niemand im Raum ist. Und dann sterben sie. Das ist vor allem der Fall, wenn die Eltern spüren, dass die Kinder sie nicht sterben lassen wollen, sondern sie festhalten. Ferner: Sie kreisen um Ihre Schuldgefühle, weil Sie sich weigern, Ihre Mutter loszulassen. Sie müssen den Schmerz zulassen, dass Ihre Mutter nicht mehr da ist, dass Sie nicht mehr mit ihr sprechen können. Lassen Sie Ihre Schuldgefühle los und stellen Sie sich der Trauer. Nur dann kann sich etwas in Ihnen wandeln.«

Ein anderer Weg der Trauervermeidung ist das Anklagen der vermeintlich Schuldigen. Ein Mann hatte seine Frau bei einem Sportunfall verloren. Ein Bergführer hatte offensichtlich beim Abseilen nicht richtig aufgepasst. Doch wie die Untersuchungen ergaben, hatte die Frau den Bergführer auch bedrängt. Der Mann beschäftigte drei Rechtsanwälte, um den Bergführer verurteilen zu lassen. Mit dem ersten Urteil des Gerichtes, das den Bergführer zu einer Strafe auf Bewährung verurteilte, war er nicht zufrieden. Er kämpfte weiter – bis ihm jemand sagte:

»Mit all Ihrem Kämpfen machen Sie Ihre Frau nicht wieder lebendig. So schmerzlich es ist, Sie müssen Ihre Frau loslassen. Nur dann erkennen Sie, welche juristischen Schritte sinnvoll sind.« Der Mann hatte sich von seinem Hass bestimmen lassen, so dass er blind wurde für die eigentliche Arbeit, die er leisten musste: seine Frau loszulassen und sich von ihr zu verabschieden.

Ähnlich erzählte mir jemand von einer Frau, die bei der Geburt ein Kind verloren hatte und den Arzt, der bei der Geburt dabei war, beschuldigte, er sei am Tod ihres Kindes schuld. Ihre ganze Energie setzte sie darein, diesen Arzt juristisch fertigzumachen. So sinnvoll es sein kann, Ärzte und andere Schuldige zur Rechenschaft zu ziehen, so dass andere keinen Schaden erleiden, so blind kann der Hass auch machen, dass man seine ganze Energie in den Hass hineinlegt und keine Kraft mehr aufbringt, um die Trauer zu bewältigen. Der Hass ersetzt die Trauer.

Die Phase der aufbrechenden Emotionen

Die zweite Phase der Trauer sind die aufbrechenden Emotionen. Wir stürzen durch den Tod eines geliebten Menschen in ein Wechselbad intensiver Gefühle. Da ist ein Schmerz, der uns bisweilen kaum erträglich scheint. Dann spüren wir in uns wieder die Dankbarkeit für den Verstorbenen und wir erzählen gerne von dem, was wir mit ihm erlebt haben. In der Dankbarkeit haben wir zeitweise das Gefühl, die Trauer überwinden zu können. Doch dann stürzt die Trauer wieder über uns herein und der

Schmerz wird immer stärker. Wir haben Angst, das Leben überhaupt bewältigen zu können, und sehen auch keinen Sinn mehr in unserem Dasein. Der Abschiedsschmerz raubt uns nicht nur jede Lebensfreude, sondern zieht uns auch den Boden unter den Füßen weg. Wir finden keinen Ort, an dem wir zur Ruhe kommen. Und häufig ist diese Ruhelosigkeit von der Angst begleitet, ganz und gar allein zu sein. Wir fühlen uns verlassen, ja im Stich gelassen. Die Bibel kennt eindrucksvolle Schilderungen intensiven Trauerns, aber auch Geschichten vom Umgang mit diesen heftigen Gefühlen.

Das Alte Testament erzählt uns von David, dass gerade er seiner Trauer immer wieder Ausdruck verliehen hat. Als Saul und Jonathan im Kampf fielen, weinte David nicht nur um seinen Freund Jonathan, sondern auch um Saul, der ihm nach dem Leben getrachtet hatte: »Israel, dein Stolz liegt erschlagen auf deinen Höhen. Ach, die Helden sind gefallen.« (2 Sam 1,19) Als Joab, der Feldherr Davids, Abner, der lange auf Seiten Sauls gegen David gekämpft hatte, getötet hatte, stimmte David die Totenklage an: »Musste Abner sterben, wie ein schlechter Mensch stirbt?« (2 Sam 3,33) Und alle Leute weinten mit David über den Tod Abners. David aber verweigerte das Essen. Er trauerte um Abner. Abschalom, der Sohn Davids, hatte sich gegen seinen Vater erhoben. Doch als er im Kampf von Joab erschlagen wurde, klagte David: »Mein Sohn Abschalom, mein Sohn, mein Sohn Abschalom! Wäre ich doch an deiner Stelle gestorben, Abschalom, mein Sohn, mein Sohn.« (2 Sam 19,1)

Im Neuen Testament schildert Johannes ausführlich,

wie Maria, die Schwester des Lazarus, am Grab weinte und wie alle Juden, die dabeistanden, weinten. Johannes benützt hier das Wort »klaiousan«. Es bedeutet: Sie hielten Totenklage. Beschrieben wird damit ein lautes Weinen und Seufzen und Klagen. Jesus wurde von dieser Klage im Innern tief bewegt. Und auch er weinte. Aber sein Weinen ist anders. Es ist nicht die laute Totenklage, sondern das Zulassen der Tränen. Hier steht im Griechischen »edakrysen«. Die Tränen flossen einfach. Die Juden, die dabeistehen, verstehen seine Tränen als Ausdruck der Liebe. Trauer, die in Tränen ausbricht, zeigt die Liebe zum Verstorbenen an. Aber es gibt auch einige, die seine Trauer missbilligen. Sie werfen ihm vor: »Wenn er dem Blinden die Augen geöffnet hat, hätte er dann nicht auch verhindern können, dass dieser hier starb?« (Joh 11,37) Der Vorwurf gleicht dem mancher Christen, die meinen, weil wir an die Auferstehung glauben, bräuchten wir nicht zu trauern. Jesus wurde darüber innerlich erregt. Er »ergrimmte« heißt es, das heißt, er wehrte sich gegen diese Haltung. Er ging nicht in den Tränen unter, sondern er verwandelte seine Trauer in ein Handeln: Er geht zum Grab und befiehlt, den Stein vom Grab wegzunehmen. Er nimmt Beziehung auf zum Toten. Und sein Wort erweckt Lazarus zum Leben. Johannes beschreibt hier ein Wunder, das unseren Glauben stärken soll: Jesus ist der Herr über Leben und Tod. Er weckt den Lazarus vom Tod zum Leben. Wir können dieses Wunder aber auch als Bild für unsere Trauer verstehen: Wenn wir in unserer Trauer Beziehung zum Verstorbenen aufnehmen, dann wird der Stein, der auf dem Grab liegt, unsere Beziehung nicht begrenzen.

Wir spüren von neuem seine Gegenwart und erfahren: Die Liebe ist stärker als der Tod. Lazarus kommt heraus aus dem Dunkel der Trauer und Jesus befiehlt, ihn zu befreien von den Binden, die ihn fesseln. Der Verstorbene soll eine neue Beziehung zu den Lebenden aufnehmen. Das ist auch das Ziel unserer Trauer, dass wir durch die Trauer hindurch eine neue Beziehung zum Verstorbenen aufnehmen, dass der Verstorbene befreit ist von allen Projektionen, die wir auf ihn geworfen haben, dass er uns in seinem wahren und ursprünglichen Bild, das Gott sich von ihm gemacht hat, gegenübertritt.

Die zweite Phase der Trauer ist von widersprüchlichen Gefühlen geprägt. Die Psychologen aus der Schule Sigmund Freuds sprechen von der Ambivalenz, die in der Trauer steckt. Im Trauernden wechseln Gefühle wie Schmerz und Verlassenheit ab mit Gefühlen von Furcht vor dem Verstorbenen und Aggressionen gegen ihn. (Spiegel 29 ff.) Jorgos Canacakis spricht von unangenehmen Gefühlen wie Angst, Zorn, Hilflosigkeit, Schock, Sehnsucht, Betäubung, Abgestumpftheit, aber auch von körperlichen Empfindungen wie Leeregefühl im Magen, Beklemmungen in der Brust, zugeschnürte Kehle, Empfindlichkeit gegen Lärm, Herzklopfen, Zittern, Kurzatmigkeit bis hin zur Atemlosigkeit, Muskelschwäche, Müdigkeit und vielen anderen Symptomen. (Canacakis 29)

Die tiefste Emotion der Trauer ist der Schmerz über den Abschied und das Gefühl der Verlassenheit. Doch – wie schon die Beobachtungen bei der Trauer, wie sie ursprüngliche Völker leben, zeigen – mischen sich in den Schmerz oft auch Gefühle wie Zorn und Wut darüber, dass uns der geliebte Mensch verlassen hat. Wir machen es ihm zum Vorwurf, dass er gestorben ist, dass er sich nicht genügend um seine Gesundheit gekümmert hat und krank geworden ist, oder – bei einem Unfall – nicht ausreichend auf sich aufgepasst hat und leichtsinnig gewesen ist. Oft sind wir auch wütend auf den Arzt, der den geliebten Menschen nicht gerettet hat. Wir suchen nach Schuldigen, um unsere Ohnmacht dem Tod gegenüber nicht spüren zu müssen. Wenn wir keinen Menschen finden, dem wir die Schuld am Tod zuschieben können, dann werden wir wütend auf Gott, dass er uns diesen lieben Menschen genommen hat. In die Wut mischt sich manchmal auch die Wut über Verletzungen, die wir durch den Verstorbenen erfahren haben. Es waren ja nicht immer nur harmonische und liebevolle Erfahrungen, die wir mit ihm erlebt haben. Es gab Missverständnisse und es gab Verletzungen. Der Verstorbene hat uns manchmal nicht verstanden, er hat uns übersehen oder hat uns mit Worten verletzt. Manche trauen sich nicht, diese negativen Gefühle wie Wut und Gekränktsein zuzulassen. Sie haben Angst, über die Verstorbenen negativ zu sprechen. Diese Angst ist weit verbreitet. Die Lateiner bringen diese Angst zum Ausdruck in dem Satz: »De mortuis nil nisi bene« = Über die Toten soll man nichts als Gutes sagen. Dieser Satz war weniger Ausdruck der Verehrung der Toten als Ausdruck der Angst, der Tote könnte sich rächen, wenn wir schlecht über ihn sprechen. Dieses magische Verständnis, dass die Verstorbenen uns schaden, wenn wir sie nicht gut behandeln, wenn wir z. B. schlecht über sie reden, ist bei vielen Menschen tief in ihrer Seele verankert und lässt sich kaum durch rationale Argumente auflösen. Als Christen dürfen wir vertrauen, dass die Verstorbenen bei Gott sind. Sie werden uns nicht schaden. Aber uns schadet es, wenn wir die Verletzungen der Vergangenheit verdrängen. Sie müssen zur Sprache gebracht werden, damit wir uns mit den Verstorbenen und mit unserer eigenen Lebensgeschichte versöhnen und den Verstorbenen vergeben können. So soll ich meine verletzten Gefühle zulassen und ohne mich und meine Worte zu bewerten, einfach sagen oder schreiben, wo mich der Verstorbene verletzt hat, und welche Wut ich darüber empfinde. Damals konnte ich mich nicht wehren. Jetzt kann ich mich wehren. Allerdings fällt es vielen schwer, sich von den Verletzungen zu distanzieren, die sie vom Verstorbenen erlitten haben. Sie haben den Eindruck, sie dürften ihren Abschiedsschmerz nicht mit der Wut über die Verletzungen vermischen. Doch alle behinderten Emotionen werden später wieder auftauchen. Und irgendwann ist dann die Versöhnung mit dem Verstorbenen nötig.

Trauerarbeit ist immer auch Beziehungsarbeit. Die Beziehung zum Verstorbenen muss geklärt und gereinigt werden. Die Wurzeln, die der Verstorbene für uns darstellt, sind durch die Verletzungen oft getrübt und manchmal sogar vergiftet. Die Trauer will diese Wurzeln reinigen, damit wir aus ihnen unsere Kraft beziehen. Der Psychologe Bertold Ulsamer hat ein Buch geschrieben mit dem Titel »Ohne Wurzeln keine Flügel«. Was mit diesem Bild gesagt ist: Wenn wir aus unserem Leben die Wurzeln der Verstorbenen abschneiden, werden wir flügellahm. Wenn wir sie reinigen, werden unserer Seele Flügel wachsen. Unser Leben wird leichter. Die Reinigung der Wurzeln geschieht, indem wir all die negativen Gefühle, die in der Erinnerung an den Verstorbenen auftauchen, zulassen und anschauen. Es ist gut, mit einem Freund oder einer Seelsorgerin oder einem Therapeuten darüber zu sprechen. Dann können sich die Gefühle klären und die Wurzeln werden gereinigt.

Die Wut hat eine eigene Qualität, wenn ein nahe Verwandter Suizid begangen hat. Natürlich gibt es auch den Fall, wo ein unheilbarer Kranker, der an unerträglichen Schmerzen leidet, sich selber das Leben nimmt, ohne dass seine Umgebung damit in Verbindung gebracht wird. Suizid ist aber meist ein mit Aggressivität verbundener Akt, ein Akt der Aggression gegen sich selbst, aber nicht selten auch gegen die Familie. Die Frau ist in einem solchen Fall verständlicherweise auch wütend auf den Mann, wenn sie das Gefühl hat, dass er mit seinem Suizid seine verdrängte Aggression ihr gegenüber ausdrückte. Sie hat möglicherweise das Gefühl, er stelle sie vor den anderen Menschen in ein schlechtes Licht und die anderen würden ihr die Schuld an seinem Tod geben. Beim Suizid eines Kindes fühlen sich die Eltern oft durch den Suizid des Sohnes verletzt und angeklagt, dass sie alles verkehrt gemacht haben. Die Aggression, die der Verstorbene durch den Suizid ausgedrückt hat, ruft also in den trauernden Angehörigen auch Zorn hervor. Sie sind oft voll innerer Wut, dass er ihnen das angetan hat, dass er sich von ihnen nicht verabschiedet und ihnen keine Chance gelassen hat, sich intensiver um ihn zu kümmern und ihn vor dem Suizid zu bewahren.

Unangenehme Gefühle, die in der Trauer auftauchen, sind auch die Schuldgefühle. Wir fühlen uns schuldig, weil wir zum Verstorbenen nicht liebevoll genug waren. Es fällt uns ein, was wir dem anderen nicht gesagt haben oder was wir ihm zum Abschied hätten sagen sollen. Wir fühlen uns schuldig, dass wir nicht gebührend Abschied von ihm genommen haben oder dass wir ihm auch im Leben nicht ganz gerecht geworden sind. Wir haben ihm oft nicht oder nicht deutlich genug gesagt, was er uns wirklich bedeutet. Im Augenblick des Todes erkennen wir, wie viel wir versäumt haben in der Beziehung zum Verstorbenen. Das Versäumte kann jetzt nicht wiedergutgemacht werden. So tauchen beim Tod eines lieben Menschen alle unsere Versäumnisse auf. Wir werden konfrontiert mit dem ungelebten Leben, mit den Möglichkeiten, die die Beziehung zum Verstorbenen in sich barg, die wir aber nicht gelebt haben.

Es kann auch sein, dass wir uns schuldig fühlen, weil wir den Menschen, der jetzt tot ist, früher verletzt haben. Wir haben ihn manchmal mit Nichtbeachtung gestraft, wir haben auf seine Verletzungen selber mit Kränkungen reagiert. Wir haben manchmal unser Herz ihm gegenüber verschlossen. Wir waren zu sehr auf uns bezogen und haben uns zu wenig auf ihn eingelassen. Verena Kast meint, die Schuldgefühle bekämen »angesichts des Todes etwas Radikales, etwas Brutales; kein Gespräch kann sie wegdiskutieren, und vor allem, man kann nichts wiedergutmachen. Alle Wiedergutmachungstheorien scheitern daran, dass der Verstorbene nicht mehr da ist.« (Kast 106) Da hat etwa eine Frau ihre Mutter liebevoll gepflegt. Aber sie fühlte sich bei der Pflege oft auch überfordert und war dann manchmal aggressiv und verletzend der Mutter gegenüber. Das tut ihr jetzt leid, aber sie kann es nicht wiedergutmachen. Eine andere Frau leidet darunter, dass sie sich um ihre alkoholkranke Schwester nicht genug gekümmert hat. Die Schwester starb plötzlich. Jetzt wird das Versäumnis schmerzlich bewusst.

Verena Kast erzählt von einem Mann, der nach dem Tod seiner Frau Schuldgefühle hatte. Ein Therapeut hatte gemeint, diese Schuldgefühle seien bloß eingebildet. Aber Verena Kast ließ ihn einfach erzählen. Da wurde ihm selber erst bewusst, dass er seine Frau immer sehr lieblos und egoistisch behandelt und sie als Frau gar nicht gewürdigt hatte. Erst als er alle Erinnerungen erzählt und zur Sprache gebracht hatte, wandelten sich seine Schuldgefühle. Kast meint, sie habe sich »während der Behandlung oft gewünscht, der Mensch wäre ein gläubiger Christ, könnte beichten und an die Vergebung glauben« (Ebd. 111). Das hätte ihm sicher geholfen. Wir sollen die Schuldgefühle nicht übertreiben, aber auch nicht verharmlosen. Wenn wir sie in die Vergebung Gottes halten oder im Ritual der Beichte vor Gott bringen, dann können wir sie loslassen.

Besonders schlimm sind die Schuldgefühle, wenn die letzten Augenblicke, die wir mit dem Verstorbenen erlebt haben, von Streit geprägt waren. Da ist ein Mann nach der Auseinandersetzung mit seiner Frau zur Arbeitsstätte gefahren und unterwegs tödlich verunglückt. Die Frau fühlt sich in zweifacher Weise schuldig. Sie macht sich Vorwürfe, dass sie am Tod ihres Mannes schuld sei. Er sei in innerer Spannung losgefahren. Das habe den Unfall verursacht. Und sie fühlt sich schuldig, weil das letzte Wort ein Wort des Streites und des Vorwurfes war, weil der Abschied nicht gelungen ist. Eine Frau erzählte mir, sie hätten sich abends gestritten. In der Nacht sei der Mann plötzlich gestorben. Sie beschuldigt sich heute noch, dass sie ihrem Mann zuletzt diese verletzenden Worte gesagt hat. Eine andere Frau hat Schuldgefühle, weil ihr Mann Suizid begangen hat. Sie fragt sich, was sie verkehrt gemacht hat, dass ihr Mann diesen Weg gegangen ist.

Es hat keinen Sinn, die Schuldgefühle zu verdrängen. Aber es hilft auch nicht, sich ständig durch Schuldgefühle zu zerfleischen. Es hat keinen Sinn, sich zu beschuldigen, denn damit ziehen wir uns ständig nach unten. Es hat aber auch keinen Sinn, sich zu entschuldigen und sich zu rechtfertigen. Denn dann müssen wir immer nach neuen Gründen suchen, warum wir Recht haben. Da hilft dem Christen sein Glaube, dass Gott uns unsere Schuld vergibt, dass wir unsere Schuld ihm im Vertrauen hinhalten dürfen, dass er sie vergibt. Manchmal kann eine Beichte, in der wir alle Schuldgefühle vor dem Priester aussprechen und dann von ihm die Absolution von Gott her zugesprochen bekommen, helfen, die Schuldgefühle zu begraben und uns selbst zu vergeben. Eine große Hilfe ist, wenn wir uns vorstellen: Der Verstorbene ist jetzt bei Gott. Er macht uns keine Vorwürfe. Er ist im Frieden mit Gott und auch im Frieden mit uns selbst. Er durchschaut all das, was gewesen ist, und sieht mit dem Blick Gottes auf uns, mit einem versöhnten und dankbaren Blick.

Manchmal begegne ich auch Menschen, die sich schuldig am Tod eines geliebten Menschen fühlen. Da ist ein

Mann, bei dessen Geburt seine Mutter gestorben ist, und er fühlt sich immer noch schuldig an ihrem Tod. Ein anderer fühlt sich schuldig am Tod seines kleinen Bruders, weil er der Mutter gesagt hat, die Erkrankung sei ganz harmlos. Oder ein Mädchen fühlt sich schuldig am Tod ihres kleinen Bruders, weil es nicht genügend auf ihn aufgepasst hat. Solche Schuldgefühle sind oft ganz tief in der Seele verankert, und auch da ist es immer heilsam, diese Gefühle auszusprechen. Man kann sie einem nicht einfach ausreden, indem man beteuert: Du hast überhaupt keine Schuld. Besser wäre es, seine Schuldgefühle ernst zu nehmen. Die angemessene Haltung ist: Wir wissen nicht, ob da wirkliche Schuld war oder nicht. Aber entscheidend ist es, die Schuldgefühle Gott hinzuhalten und auf seine vergebende Liebe zu vertrauen. Das Ritual der Absolution kann helfen, seine Schuldgefühle endgültig zu begraben. Zumindest erinnere ich mich dann immer wieder, wenn die Schuldgefühle auftauchen: Gott hat mir vergeben. Und der Verstorbene hat mir längst vergeben. Ich kann aufrecht und ohne diese ständigen Schuldgefühle, die mich lähmen, meinen Weg weitergehen.

Die Gefühle des Schmerzes, der Wut und des Gekränktseins, auch die Schuldgefühle dürfen sein. Aber wichtig ist, dass wir diese Gefühle als Durchgang verstehen und nicht in ihnen steckenbleiben oder immer wieder nur um die Vergangenheit kreisen. Eine Familie ließ die Asche ihres tödlich verunglückten Sohnes in der Wohnung und ließ sein Zimmer immer noch so, wie es war. Die Trauer braucht eine Heimat. Doch was diese Familie machte, entspricht nicht diesem Anspruch. Diese Heimat muss außerhalb meines Hauses sein. Das Grab ist eine Heimat für die Trauer. Aber das eigene Haus soll nicht zur Heimat der Trauer werden. Es will vom Leben erfüllt werden. Es will ein Raum sein, in dem neues Leben aufblüht. Die Trauer ist die Erinnerung an den Verstorbenen, der uns auch daheim in unserem Haus begleitet. Aber das Haus soll nicht ständig von der Trauer bestimmt werden.

Die Phase der aufbrechenden Emotionen ist aber nicht nur von negativen Emotionen bestimmt. Es tauchen auch Gefühle der Dankbarkeit auf. Vor allem, wenn man sich vom Verstorbenen gut verabschieden konnte, überwiegt oft das Gefühl der Dankbarkeit für die Jahre, die man miteinander leben durfte, für all das Gute, das man miteinander geteilt hat. Und mitten in der Trauer tauchen auch Gefühle der Freude auf. Manchmal ist es die Freude über das, was der Verstorbene geschenkt hat. Manchmal ist es einfach auch nur die Freude über den schönen Spaziergang, über die Blume, die einem entgegenblüht, über die Sonne, die einen so mild bescheint. Doch ich erlebe immer wieder Menschen, die sich dann dieses Gefühl der Freude verbieten. Eine Mutter, die ein Kind verloren hatte, erzählte, dass sie manchmal Freude über eine gute Begegnung empfindet. Doch dann erinnert sie sich daran, dass sie ja ihren Sohn verloren hat und sich ja gar nicht freuen darf, sie muss ja trauern. Es ist wichtig, alle Gefühle während der Trauer zuzulassen, nicht nur die negativen, sondern auch die positiven. Man soll sich nicht zu Gefühlen zwingen. Aber die Gefühle, die auftauchen, wollen beachtet und gewürdigt werden.

Die Botschaft des Verstorbenen verstehen

Die dritte Phase der Trauer besteht darin, dass wir die Botschaft des Verstorbenen verstehen. Verena Kast nennt diese Phase die des Suchens und Sich-Trennens. Und sie versteht sie als »Versuch, das, was der Tote bedeutet hat, ins neu entstehende Lebensgebäude mit einzubringen«. (Ebd. 67) Sie spricht davon, dass man das, was der Verstorbene für einen bedeutet, sucht und findet, und dass man sich zugleich von ihm trennt, dass man anerkennt, »dass mit den alten Lebensumständen nicht mehr zu rechnen ist, dass das eigene Welt- und Selbstverständnis umgebaut werden muss«. (Ebd. 70) Ich möchte im Folgenden nur den einen Aspekt dieser dritten Phase betrachten: Was ist die Botschaft des Verstorbenen an mich? Bei der Suche nach der Botschaft des Verstorbenen muss zugleich klar sein, dass der Verstorbene tot ist, dass wir seine Botschaft als ein Vermächtnis in unserem Herzen aufbewahren dürfen, aber ihn als Verstorbenen zugleich loslassen müssen.

Diese dritte Phase finde ich wieder in der Auferstehungsgeschichte, wie sie uns Matthäus überliefert. Matthäus lässt die Frauen schon in der Abenddämmerung des Sabbats zum Grab gehen. Die Frauen wollen die ganze Nacht am Grab Jesu sitzen, um über ihn zu meditieren, um seine Botschaft zu verstehen, die er während seines Lebens verkündet hat, und den Sinn seines Todes am Kreuz zu erahnen. Da steigt plötzlich vom Himmel herab ein Engel des Herrn hernieder, tritt an das Grab und wälzt den Stein vom Grab weg. (Mt 28,2) Indem ich das Geheimnis des Verstorbenen meditiere, wird die Nacht meiner Trauer erhellt vom Licht, das der Engel ausstrahlt. Der Stein, der mich in der Trauerphase blockiert und mich abhält, auf Menschen zuzugehen, wird weggewälzt. Ich kann wieder atmen. Die Wächter, die das Grab bewachen, fallen wie tot zu Boden. (Mt 28,3) Die Stimmen, die mich in der Trauer festhalten wollen, verlieren ihre Macht. Und der Engel erklärt mir die Botschaft des Verstorbenen. Er sagt den Frauen: »Fürchtet euch nicht! Ich weiß, ihr sucht Jesus, den Gekreuzigten. Er ist nicht hier; denn er ist auferstanden.« (Mt 28,5f.) Bei Lukas ist die Botschaft des Engels noch klarer: Die Männer in den weißen Gewändern sagen zu den Frauen: »Was sucht ihr den Lebenden bei den Toten? Er ist nicht hier, sondern er ist auferstanden. Erinnert euch an das, was er euch gesagt hat, als er noch in Galiläa war.« (Lk 24,5f.) Wir sollen den Verstorbenen nicht in der Vergangenheit suchen. Wir sollen jetzt seine Botschaft verstehen. Doch um sie zu verstehen, ist es wichtig, sich zu erinnern, was er gesagt und getan hat. Indem wir uns immer wieder an den Verstorbenen erinnern, bleiben wir nicht in der Vergangenheit stehen, sondern bringen das, was den Verstorbenen ausgemacht hat, nach innen, in unser Herz. Seine Botschaft wird verinnerlicht und vergegenwärtigt. Sie wird zur inneren Gewissheit über unser eigenes Leben und trägt so auch in die Zukunft.

All die negativen Gefühlen von Schmerz und Wut dürfen wir zulassen, aber wir sollten uns in der Trauer immer wieder fragen: Was möchte uns der oder die Verstorbene sagen? Dazu ist es gut, sich immer wieder an das zu erinnern, was er oder sie getan, gesagt und geschrieben hat.

Hilfreich ist es, anderen die Erinnerungen zu erzählen. Indem wir erzählen, was wir mit dem verstorbenen Menschen erlebt haben, kommt auch das Gefühl von Dankbarkeit in uns auf. Wir spüren, was er uns geschenkt hat. Im Erinnern wird uns klar, was sein eigentliches Geheimnis war. Wir ahnen etwas von dem Bild, das Gott sich von ihm gemacht hat. Dieses Bild Gottes von diesem Menschen war zeit seines Lebens möglicherweise oft verdunkelt durch seine Fehler und Schwächen, durch die Begrenzungen und Gefährdungen. Im Tod aber wird jeder Mensch ganz und gar in das einmalige Bild verwandelt, das Gott sich von ihm gemacht hat. Da kommt dieses Bild zu seinem ursprünglichen Glanz. So sollen wir uns immer wieder an die Situationen erinnern, die wir mit dem Verstorbenen erlebt haben. Und wir sollen uns fragen: »Was ist das Geheimnis des Verstorbenen? Was hat ihn bewegt? Was wollte er mit seinem Leben anderen vermitteln? Was ist ihm schwer gefallen? Was hat ihn angetrieben und motiviert? Was war seine Lebensphilosophie? Was war hinter all dem, was ich mit ihm erlebt habe? Was hat mir aus seinen Augen entgegengeleuchtet? Wieviel Liebe war in seinen Worten und in seinen Blicken und Umarmungen verborgen? Und was war seine tiefste Sehnsucht?«

Um das Geheimnis des oder der Verstorbenen zu entdecken, ist es zum Beispiel hilfreich, seine Briefe nochmals zu lesen, die wir von ihm empfangen haben. Was steht hinter den Worten? Ich schaue mir nochmals die Bilder an, die ich von ihm habe. Ich meditiere die Bilder und versuche, in dem Bild das Geheimnis dieses Menschen zu entdecken. Und ich stelle mir vor, dass dieses Bild jetzt bei Gott aufstrahlt. Ich höre die Musik an, die der Verstorbene gerne gehört hat. Im Hören seiner Lieblingsmusik erahne ich, was ihn dabei bewegt hat. Und zugleich fühle ich mich im Hören eins mit ihm. Indem ich das Gleiche höre, was er so gern gehört hat, fühle ich mich ihm zugehörig. Hören – so sagt der Philosoph Martin Heidegger – führt zur Geborgenheit. Im Hören der Lieblingsmusik fühle ich mich gemeinsam mit dem Verstorbenen in Gott geborgen. Ich lese die Lieblingsbücher der Verstorbenen und erahne im Lesen, was sie selbst an diesem Buch so fasziniert hat. Im Lesen halte ich Zwiesprache mit ihr. Und wenn sie selbst einen Text, ein Buch, ein Gedicht oder einen Aufsatz geschrieben hat, lese ich das jetzt mit ganz neuen Augen. Ihre Worte werden mir gleichsam zur Botschaft, zum Vermächtnis, das mich begleitet. Manche Worte werden mir erst nach dem Tod ganz neu aufgehen, so dass ich sie wirklich erst jetzt in ihrer Tiefe verstehen kann.

Eine Frau erzählte mir von ihrem Mann, der Suizid begangen hatte. Zwei Tage vor dem Suizid schenkte er ihr ein Buch. Sie kam nicht dazu, es zu lesen. Erst drei Wochen nach seinem Tod nahm sie es in die Hand und las darin. Und da erkannte sie auf einmal, was ihr Mann leben wollte und nicht leben konnte. Sie erkannte seine Botschaft an ihn. Und das hat es ihr auch ermöglicht, sich mit ihm zu versöhnen, seine bleibende Botschaft an sich selbst zu erkennen. Sie musste nicht immer weiter um die Schuldgefühle kreisen, dass ausgerechnet er, den sie so liebte, diesen Weg gegangen war.

Ein Vater, der seinen Sohn durch einen Verkehrsunfall verloren hat, hört sich die Lieder an, die sein Sohn kom-

poniert und selbst gesungen hat. Da kann er sich hinein-
horchen: Was hat meinen Sohn wirklich bewegt? Was
höre ich aus seiner Stimme, aus seinen Worten, aus seinen
Melodien heraus? Es ist gut, wenn wir schriftliche Äuße-
rungen des Verstorbenen haben. Noch tiefer können wir
uns hineinspüren, wenn wir auch die Stimme des Verstorbenen hören, in seinen Liedern oder in Texten, die er gesprochen hat. Indem wir diese Lieder oder Texte anhören,
halten wir den Verstorbenen nicht fest. Wir verinnerlichen
ihn, wir nehmen seine Botschaft in uns auf, und haben
dann die Chance, darauf mit unserem Leben zu antworten.

Um dem Geheimnis eines Verstorbenen näherzukom-
men, gehe ich seine Lieblingswege nach. Vielleicht ist er
immer den gleichen Spazierweg gegangen. Indem ich
diese Wege gehe, gehe ich mich selber hinein in sein Geheimnis. Ich gehe mit ihm und fühle mich im Gehen eins
mit ihm. Natürlich wird da oft auch der Schmerz hochkommen, dass ich jetzt allein diesen Weg gehen muss, vor
allem, wenn wir diesen Weg oft gemeinsam gegangen sind.
Ich kann an die Lieblingsorte fahren, die die Verstorbene
so gerne besucht hat. Auch hier werde ich oft den
Schmerz spüren, dass ich jetzt allein an diesem Ort bin.
Aber ich kann dabei auch erahnen, was sie oder ihn an
diesem Ort bewegt hat. Und ich kann mich an die gemeinsamen Erfahrungen erinnern. Vielleicht erscheinen sie mir
heute in einem ganz anderen Licht.

Ein Ort, an dem wir die Botschaft des Verstorbenen
erahnen können, können auch Träume sein, auf ganz verschiedene Weise. Unmittelbar nach dem Tod helfen uns

Träume oft, den Schmerz des Abschieds zu überwinden. Eine junge Frau, die ihre Freundin bei einem Motorradunfall verloren hatte, träumte etwa die ersten Tage nach dem Tod von einem Streit mit ihr. Da warf sie ihr im Traum vor, dass sie nicht aufgepasst und sie verlassen habe und jetzt allein zurücklasse. Doch dann wandelten sich die Träume. Auf einmal begegnete ihr die verstorbene Freundin in einem weißen Gewand und sagte ihr: »Mir geht es gut. Ich wünsche Dir, dass Du wieder fröhlich sein kannst.« Dass es solche Träume gibt, die uns sagen, dass es dem Verstorbenen gut geht, hilft uns, zu vertrauen, dass er bei Gott ist.

Dann gibt es auch Träume, in denen uns längst Verstorbene begegnen. Der verstorbene Vater oder die verstorbene Mutter sind einfach dabei – und lächeln. Diese Träume haben zwei Bedeutungen: Einmal sagen sie uns, dass der Vater oder die Mutter unser Leben bestätigt und gutheißt. Das schenkt uns Vertrauen, dass wir richtig leben. Zum andern bedeuten diese Träume, dass wir gerade in der jetzigen Phase unseres Lebens die Qualität des Vaters oder der Mutter brauchen. Manche träumen auch, dass es ihrem verstorbenen Vater schlecht geht. Er hat einen zerrissenen Mantel an und ist ganz schwach. Es wäre eine falsche Deutung, zu meinen, dass der Vater noch nicht im Frieden sei, sondern zwischen den Welten umherwandere. Wir dürfen vertrauen, dass der Verstorbene bei Gott ist. Diese Art von Träumen sagt uns vielmehr etwas anderes: Deine Beziehung zum Vater ist noch nicht geklärt. Da musst du nochmals genauer hinschauen und an deiner Beziehung arbeiten.

Manche Eltern, die ihre Kinder verloren haben, möchten ihnen gerne im Traum begegnen, aber sie träumen nicht von ihnen. Wir dürfen Gott darum bitten, dass wir im Traum dem Verstorbenen begegnen. Manche Eltern brauchen diese Träume, damit ihr Glaube gestärkt wird, dass es dem Verstorbenen gut geht. Wir können Träume von Verstorbenen nicht erzwingen. Besonders schön sind natürlich Träume, in denen der Verstorbene mir ein Wort sagt. Das sind oft wichtige Botschaften, die wir dankbar in uns bewahren dürfen.

Als ich bei einem Kurs »Tod zur Unzeit« für verwaiste Eltern davon sprach, dass das verstorbene Kind eine Botschaft für uns hat, war diese Vorstellung für manche Eltern, die noch zu sehr im Abschiedsschmerz gefangen waren, zunächst fremd. Aber als sie sich auf diesen Gedanken einließen, erahnten sie, welche Botschaft ihr Kind für sie hat. Und der Gedanke tat ihnen gut. Sie spürten, dass sie als Eltern den Kindern nicht nur etwas gegeben haben. Die Kinder – gerade auch die verstorbenen – geben auch ihnen etwas und bringen sie in Berührung mit Aspekten der eigenen Seele, die sie bisher vernachlässigt haben.

Eine gute Übung, die Botschaft des Kindes zu verstehen, ist die Phantasiereise von den drei Geschenken: Ich versuche, zuerst gut bei mir zu sein. Dann stelle ich mir vor, dass ich auf meinem Lieblingsweg wandere. Ich gehe ganz langsam. Ich muss nicht in einer bestimmten Zeit an einem Ziel sein. Ich genieße einfach, Schritt für Schritt zu gehen. Ich spüre die Sonne auf meiner Haut. Ich schaue auf die Bäume und Sträucher um mich herum. Und ich rieche die Natur. Dann sehe ich, wie am Horizont, am

Ende meines Weges, eine lichte Gestalt in einem weißen Gewand auf mich zukommt. Ich erkenne sie noch nicht. Doch wir gehen langsam aufeinander zu. Und da wird mir bewusst, dass es mein verstorbenes Kind ist. Wir kommen uns näher. Als wir nahe zusammen sind, verneigen wir uns schweigend voreinander. Dann holt das Kind nacheinander drei Geschenke aus seinem Rucksack und übergibt sie uns. Wir lassen uns Zeit, diese drei Geschenke nacheinander entgegenzunehmen. Wir müssen dabei nicht entscheiden, ob die Geschenke einfach in der Phantasie auftauchen oder ob wir selbst nachdenken, welche Geschenke wir gerne hätten. Entscheidend ist, dass das verstorbene Kind uns drei Geschenke gibt. Das können Worte sein, Gegenstände, Symbole oder einfach nur ein liebevoller Blick. Dann verneigen wir uns wieder vor dem Kind und gehen in unsere Richtung weiter. Wir gehen langsam und spüren in uns hinein: Wie verändern die drei Geschenke meine Schritte, meine Stimmung, meine innere Situation? Manche tun sich schwer mit dieser Übung. Andere aber sind tief berührt. Sie bekommen Geschenke, die ihnen guttun. Und sie spüren, dass das Kind ihnen etwas gibt, das sie für den künftigen Weg gut ausrüstet. In den Geschenken steckt oft eine Botschaft. Die Phantasiereise bringt uns in Berührung mit der Weisheit der eigenen Seele. Die Geschenke, die die verstorbenen Kinder uns geben, zeigen uns etwas auf, was schon in unserer Seele verborgen liegt. Das verstorbene Kind wird für uns zum Segen. Es bereichert uns. Es führt uns zu unserem wahren Selbst und zum Potential, das in unserer Seele verborgen liegt.

Zur dritten Phase im Prozess des Trauerns gehört nicht nur, dass wir über die Botschaft des Verstorbenen in seinen Worten und in seinem eigenen Verhalten nachdenken, sondern auch über die Botschaft seines Sterbens. Sein Sterben erinnert uns an den eigenen Tod. Unsere Lebenszeit ist begrenzt. Wir können wie der Verstorbene von Krankheit befallen werden oder können ebenso plötzlich aus dem Leben scheiden, wie es manche Verstorbene getan haben. Der Gedanke an den eigenen Tod will uns nicht Angst machen. Er möchte uns an die zeitlose Wahrheit unserer Existenz erinnern: dass wir sterblich, nur »Gast auf Erden sind«, wie es in einem Lied aus dem 20. Jahrhundert von Georg Thurmair heißt: »Wir sind nur Gast auf Erden und wandern ohne Ruh mit mancherlei Beschwerden der ewigen Heimat zu.« Und der Tod des lieben Verstorbenen will uns bewusst werden lassen, was wir in dem alten Lied aus dem 11. Jahrhundert singen: »Mitten wir im Leben sind mit dem Tod umfangen.« Der Gedanke an den eigenen Tod lädt uns ein, bewusst im Augenblick zu leben, angesichts unserer begrenzten Zeit unsere persönliche Lebensspur bewusst in diese Welt einzugraben. Durch seinen Tod möchte der Verstorbene unser Leben relativieren – auf das hin, was wirklich wichtig ist. Viele Maßstäbe sind angesichts unseres sicheren Todes nicht mehr so relevant. Wir sehen auf unser Leben mit neuen Augen. Und vieles, um das wir uns Sorgen gemacht haben, ist auf einmal nicht mehr bedeutsam.

Eine neue Beziehung zum Verstorbenen und zu mir aufbauen

Die vierte Phase der Trauer ist, eine neue Beziehung zum Verstorbenen und zu mir aufzubauen. Ich erkenne diese vierte Phase im Osterevangelium, das uns der Evangelist Johannes erzählt. Maria von Magdala macht sich am ersten Tag der Woche frühmorgens, als es noch dunkel war, auf den Weg zum Grab. Johannes schildert diesen Weg als einen Weg der Liebe. Denn er erinnert uns an die Verse aus dem Hohen Lied der Liebe im 3. Kapitel: »Des Nachts auf meinem Lager suchte ich ihn, den meine Seele liebt. Ich suchte ihn und fand ihn nicht.« (Hld 3,1) Sie findet das Grab leer und den Stein weggewälzt. Sie läuft zurück zu Petrus und Johannes. Die beiden beginnen einen morgendlichen Wettlauf zum Grab. Johannes kommt zuerst zum Grab, aber er überlässt es Petrus, als erster in das Grab hineinzugehen. Petrus sieht die Leinenbinden liegen, aber er versteht gar nichts. Johannes geht nun auch ins Grab. Er sieht und glaubt. Er glaubt an das Geheimnis der Auferstehung. Aber nur Maria von Magdala begegnet dem Auferstandenen. Sie geht nicht in das Grab hinein, sondern in ihre Trauer. Sie weint. Und in ihrer Trauer sieht sie als einzige die beiden Engel, die im Grab sitzen. Und durch die Trauer hindurch begegnet sie Jesus, der sie mit ihrem Namen anspricht: »Maria«. Da erkennt sie ihn und sagt zu ihm: »Rabbuni, mein Meister.« (Joh 20,16) Durch die Begegnung mit Jesus, dem Gestorbenen und Auferstandenen, kommt sie in Berührung mit sich selbst. Im Namen, den Jesus ausspricht, erkennt sie ihr eigenes

Wesen, ihre eigene Person. Und sie kommt in Berührung mit Jesus. Sie nennt ihn »mein Meister«. Die vertraute Beziehung, die vor dem Tod entstanden ist, ist durch den Tod nicht zerstört worden, sondern in ihrer eigentlichen Bedeutung aufgeleuchtet. Ihre spontane Reaktion ist, dass Maria Jesus umarmen und ihn festhalten will. Doch Jesus wehrt sich. Sie solle ihn nicht festhalten, er müsse zum Vater hinaufgehen. Maria spürt eine neue Beziehung zum Verstorbenen und Auferstandenen. Aber es ist eine andere Beziehung als die zu Lebzeiten Jesu. Sie ist verwandelt worden, denn Jesus ist jetzt bei Gott. So wie Johannes die Trauer und die Begegnung von Maria Magdalena und Jesus beschreibt, ist das auch ein Bild für unsere Trauer: Wir kommen durch die Trauer hindurch in eine neue Beziehung zu uns selbst. Wir erkennen, wer wir eigentlich sind. Und wir gelangen in eine neue Beziehung zum Verstorbenen, in eine Beziehung, die den Verstorbenen loslässt, und zugleich ihn als inneren Begleiter erkennt.

Verena Kast nennt die vierte Phase der Trauer die Phase, in der ich einen neuen Selbst- und Weltbezug aufbaue. Andere Psychologen sprechen davon, dass der Trauernde sich selbst neu organisiert und eine neue Identität von sich aufbaut. Man hängt jetzt nicht mehr am Verstorbenen, sondern erlebt ihn als inneren Begleiter. Und der Trauernde spürt, »dass vieles, was er zuvor in der Beziehung gelebt hatte, nun seine eigenen Möglichkeiten geworden sind.« (Ebd. 81) Allerdings darf sich der Trauernde nicht mit dem Verstorbenen identifizieren oder versuchen, in seine Rolle zu schlüpfen, denn dann lebt er nicht sein eigenes Leben. Den Verstorbenen zu kopieren, würde bedeuten, dass man sich selber abtrennt von dem einmaligen Bild, das Gott sich von mir gemacht hat.

Eine andere Gefahr ist, dass man auf einmal euphorisch wird und meint, die Trauer nun bewältigt zu haben. Doch dann kann ein neues Verlusterlebnis einen wieder in die Trauer zurückwerfen. Dann muss man alle Phasen von neuem durchleben. Es ist durchaus realistisch, immer wieder mit Rückfällen zu rechnen. Gerade wenn die ersten Verlusterfahrungen schon in der frühen Kindheit waren, dann wird man auf Trennungserlebnisse stark reagieren. »Bei jedem neuen Erlebnis von Tod scheint es, als würde man alle Menschen nochmals verlieren, die man je schon verloren hat.« (Ebd. 84)

Yorick Spiegel beschreibt das Ziel der Trauer so: »Der Trauernde baut in einem ›normalen‹ Trauerprozess nicht nur die verstorbene Person in sich auf, sondern erneuert auch seine innere Welt, die so jäh zerbrochen war. Er gewinnt das Gefühl für die Realität wieder und erhält sich selbst als Person zurück.« (Spiegel 76) Um diese beiden Aspekte geht es: Der Verstorbene wird zu einem inneren Begleiter, er wird in das eigene Leben integriert. Und ich überwinde den Verlust, indem ich zu meinem wahren Selbst finde. Die Trauer bringt mich also durch die Beschäftigung mit dem Verstorbenen zurück zu mir selbst. Und in meinem Innern entdecke ich den Reichtum der eigenen Seele. Und so kann ich mich auch der äußeren Realität wieder ganz zuwenden.

Um den Verstorbenen innerlich zu integrieren, muss ich ihn freilich zuerst einmal loslassen. Ich kann mit dem Verstorbenen nicht mehr so reden wie früher. Ich höre seine

Antwort nicht. Ich schaue nicht in seine Augen, wenn er spricht. Ich muss ihn loslassen. Doch wie können wir richtig verstehen, was das heißt: Loslassen? Eine Mutter, die ihre Tochter verloren hatte, erzählte mir, dass sie in allen Trauerbüchern immer nur davon lese, dass sie ihr Kind loslassen müsse. Doch sie könne das nicht. Ich antwortete ihr: »Sie müssen akzeptieren, dass die Tochter gestorben ist. Aber Sie müssen Ihre Tochter nicht absolut loslassen. Sie bleiben ihre Mutter, und die Tochter bleibt Ihre Tochter. Doch Ihre Beziehung ändert sich. Sie können die Tochter nicht mehr umarmen, nicht mehr von Angesicht zu Angesicht sprechen, sie nicht mehr spüren wie früher. Aber die Liebe bleibt. Es ist so ähnlich, wie wenn Sie Ihren Sohn loslassen müssen, wenn er heiratet. Auf der einen Seite müssen Sie ihn loslassen. Auf der anderen Seite bleiben Sie natürlich weiter seine Mutter. Und auch die Beziehung zu ihm bleibt, sie wandelt sich nur. So ähnlich ist es auch mit der verstorbenen Tochter.« Das hat sie getröstet. Das konnte sie akzeptieren, es entsprach ihrem Gefühl.

Trauer hat ein Ziel: eine neue Beziehung zum Verstorbenen. Ich kann, um dieses Ziel zu erreichen, einen inneren Dialog mit dem Verstorbenen halten und ihn etwa fragen: »Was willst Du mir sagen? Was würdest Du in dieser Situation mir raten? Was möchtest Du, dass ich leben soll? Worauf soll ich achten?« Ich kann ihn auch bitten, mich auf meinem Weg zu begleiten und mir den Rücken zu stärken. Eine andere Möglichkeit: Ich bitte die Verstorbene, dass sie mit ihrer Liebe in meinem Herzen wohnt und dass sie mich immer mehr mit der Liebe in Berührung bringt, die auf dem Grund meiner Seele in mir strömt. In dieser

Liebe fühlen wir uns dann ganz eins. Dann erahne ich, was das Geheimnis der Auferstehung mir sagen will: »Die Liebe ist stärker als der Tod.« Durch den Tod des geliebten Menschen ist nicht die Liebe aus meinem Herzen gerissen worden. Sie hat sich nur verwandelt. Ich spüre die Liebe, die weiterhin in meinem Herzen ist und die mich mit dem Verstorbenen verbindet. Es ist eine Liebe, die Himmel und Erde in mir verbindet, die über die Schwelle des Todes hinausreicht. Wenn ich mich in diese Liebe hineinmeditiere, spüre ich ein tiefes Einssein. Gabriel Marcel, ein französischer christlicher Philosoph, sagte einmal: »Lieben, das heißt zum andern zu sagen: Du, du wirst nicht sterben.« Die Liebe wird durch den Tod nicht zerstört. Sie verbindet uns über den Tod hinaus.

Die Trauer hat auch das Ziel, dass ich eine neue Beziehung zu mir selber finde bzw. aufbaue. Das drückt sich in Fragen wie den folgenden aus: »Wer bin ich selber? Wer bin ich ohne den Verstorbenen? Was hat der oder die Verstorbene in mir angerührt? Womit hat sie mich in Verbindung gebracht? Was hat sie mir über mich selbst gezeigt?« Es ist wichtig, vom Verstorbenen immer auch auf mich selbst zu schauen. Die Beziehung zu ihm bringt mich auch in eine tiefere Beziehung zu mir selbst, wenn ich das Potential entdecke, das Gott mir geschenkt hat und das die Verstorbene in mir geweckt hat. Ich schaue dann nicht nur wehmütig nach der Verstorbenen. Sie wohnt in meinem Herzen, und hier, in meinem Herzen, bringt sie mich in Berührung mit mir selbst, mit meiner Personmitte, mit meiner Seele, mit der Liebe, die in mir wohnt, mit den Fähigkeiten, die Gott mir geschenkt hat. Und so kann ich in der Erinnerung an die Verstorbene Dankbarkeit für mein jetziges Leben erfahren und ich werde bewusster und achtsamer leben. Das gilt vor allem von der Liebe. Wenn ein geliebter Mensch von mir gegangen ist, dann darf ich vertrauen: Die Liebe, die er mir geschenkt hat, hat mich in Berührung gebracht mit der inneren Quelle der Liebe in mir. Und diese Liebe ist durch den Tod des lieben Menschen nicht versiegt. Im Gegenteil, sie strömt noch immer in mir. Die Trauer wird nicht nur getröstet durch die Vorstellung, dass wir uns im Himmel wiedersehen werden. Das ist durchaus ein wichtiger Trost. Aber ich darf jetzt schon die Erfahrung machen, dass die Liebe stärker ist als der Tod. In mir ist diese Liebe, die der Verstorbene in mir ausgelöst hat. Diese Liebe vergeht auch nicht mit seinem Tod, und sie reicht jetzt schon über die Schwelle des Todes hinaus.

Das Ziel der Trauer ist, eine neue Beziehung zum Verstorbenen, zu uns selbst und auch zu Gott zu erfahren. Wir erinnern uns des Verstorbenen an seinem Geburtstag, Namenstag und an seinem Sterbetag. An diesem Tag können wir des Verstorbenen gerade bei den gemeinsamen Mahlzeiten in der Familie gedenken. Wir tauschen Erinnerungen aus, wir teilen das Gefühl, dass der Verstorbene in seiner Eigenart mit am Tisch sitzt und die für ihn charakteristischen Worte sagt. Die höchste Form des Mahles ist die Eucharistiefeier. In dieser Feier können wir die neue Beziehung mit dem Verstorbenen in besonderer Weise erfahren. Wir feiern hier das Mahl, das Himmel und Erde verbindet. Im Glauben daran, dass die Verstorbenen gleichzeitig das himmlische Hochzeitsmahl feiern, haben wir Anteil an ihnen und spüren wir die Verbindung mit ihnen. Christus ist die eigentliche Verbindung zwischen ihnen und uns. Nach dem christlichen Verständnis der Eucharistie feiern die Verstorbenen genauso mit ihm wie wir mit Christus feiern. Und indem wir Leib und Blut Christi empfangen, werden wir nicht nur eins mit Christus, sondern auch mit den Verstorbenen.

Wir erfahren die Gemeinschaft mit den Verstorbenen auch im Gebet. Ich kann das Vaterunser bewusst in Gemeinschaft mit dem oder der Verstorbenen beten. Wenn ich das tue, werde ich mich daran erinnern, wie sie das Gebet gesprochen hat, was es für sie bedeutet hat, wie sie mit diesen Worten ihren Glauben ausgedrückt und gestärkt hat, wie sie durch dieses Gebet die Schwierigkeiten ihres Lebens bewältigt hat und mit welcher Sehnsucht sie diese Worte gebetet hat. Das gilt natürlich nicht nur vom Vaterunser, sondern von allen Lieblingsgebeten der Verstorbenen. Wenn ich ihre Lieblingspsalmen bete, dann werde ich eins mit ihr. Sie betet diese Psalmen und das Vaterunser jetzt als Schauende, während ich es als Suchender, als Zweifelnder und auch als Glaubender bete. Auch das Gebet ist also ein Ort, an dem ich eine tiefe Gemeinschaft mit der Verstorbenen erfahren darf.

Wenn ich den Kurs »Tod zur Unzeit« halte, feiere ich am Abend mit den Teilnehmern Eucharistie. Ich lade dann die verwaisten Eltern ein, die Bilder und Erinnerungsstücke ihrer verstorbenen Kinder mitzubringen. Wir sitzen im Kreis, in der Mitte stehen ein Blumenstrauß und eine Kerze und es liegt ein ein Tuch auf dem Boden, auf das sie ihre Bilder und andere Gegenstände legen können. Vor der Eucharistiefeier schauen dann die Teilnehmer die Bilder der verstorbenen Kinder der anderen Eltern an und lassen die Bilder auf sich wirken. In der vorausgegangenen ersten Runde beim Kurs haben alle Eltern von ihren verstorbenen Kindern erzählt. Jetzt schaut man sich voller Andacht und Ehrfurcht die Bilder an. Nach meiner Ansprache während der Eucharistiefeier lade ich dann die Eltern ein, ein Teelicht an der Kerze zu entzünden und sie zum Bild ihres verstorbenen Kindes zu stellen. Dabei können sie eine Bitte formulieren: »Ich zünde diese Kerze für NN an, dass er vom Himmel her Licht bringt in unsere Familie, dass er in seinen Geschwistern das Licht des Glaubens entzündet, dass dieses Licht immer leuchtet für seine Freunde und Freundinnen.« Wir brauchen dabei weniger für die Verstorbenen zu bitten. Denn wir vertrauen darauf, dass sie im Licht Gottes sind, dass sie in seiner Liebe vollendet und im Frieden sind. Aber wir bitten, dass ihre Person und ihre Botschaft Licht sind für uns und für all die Menschen, die sie gekannt haben. Während der Eucharistiefeier und noch darüber hinaus brennen dann die Kerzen bei den Bildern der verstorbenen Kinder. Da können wir erfahren, dass die verstorbenen Kinder mit dabei sind bei der Eucharistie. Sie feiern jetzt das himmlische Mahl im göttlichen Licht, während wir es nur im Lichtschein der Kerzen feiern. Aber die Feier hebt die Grenze zwischen Himmel und Erde, zwischen Lebenden und Verstorbenen auf und lässt uns die Gemeinschaft mit ihnen auf neue Weise erfahren. Und wir erfahren auf diese Weise das Licht, das bei den Bildern der verstorbenen Kinder brennt, als inneres Licht in uns.

Ein anderer Ort, an dem ich die Beziehung zum Verstorbenen erfahre, ist das Grab. Natürlich wissen wir, dass der Verstorbene jetzt bei Gott ist. Aber unsere Trauer braucht einen Ort und eine Heimat. Und dieser Heimatort der Trauer ist das Grab. Dort können wir unsere Liebe zum Verstorbenen auf handfeste Weise ausdrücken. Wir pflegen das Grab und schmücken es mit Blumen. Indem wir das tun, bekommt unsere Liebe zum Verstorbenen einen handgreiflichen, sichtbaren Ausdruck. So wie wir die Verstorbene im Leben herzlich umarmt haben, so drücken wir jetzt unsere Liebe zu ihr aus, indem wir liebevoll das Grab pflegen. Wir schauen auf das Grab und glauben daran, dass die Verstorbene jetzt bei Gott ist und auch uns zu Gott führen möchte.

Trauer braucht Zeit, und Trauer muss sich wandeln. Sie darf mich nicht vom Leben abhalten. Aber dass sie immer wieder hochkommt, wenn ich mich an den Verstorbenen erinnere, das ist normal. Trauer ist Ausdruck der Liebe. Und die Liebe zum Verstorbenen soll bleiben. Sie wird sich jedoch nicht immer in einem lähmenden Schmerz ausdrücken, sondern in einer anderen Qualität: als tiefe Emotion, die mich immer wieder an die Quelle der Liebe führt, die auf dem Grund meiner Seele strömt.

Wir haben davon gesprochen, dass es gut ist, die Emotion der Trauer auch zu rhythmisieren, und wir haben die gesellschaftlichen und kirchlichen rituellen Formen erwähnt, die die Liturgie kennt, deren Sinn auch darin besteht, eine Struktur in die Trauer zu bringen: dem Sechswochenamt zum Abschluss der ersten Trauerphase mit ihrem inneren Chaos oder dem Jahresgottesdienst am Jahrestag des Todes. So ein Ritual ist noch keine Garantie, dass die seelische Trauer sich wandelt oder in eine neue Phase geht; die innere Trauer kann dann trotzdem immer wieder hochkommen. Da soll man sich nicht unter Druck setzen, aber es kann doch guttun, sich auf diese Angebote einzulassen. Eine Frau, deren naher Freund gestorben ist, sprach von der »Weisheit der Zeit«, die sich in der kirchlichen Liturgie mit ihren Rosenkränzen, mit dem Seelenamt, dann mit dem Sechswochenamt und dem Jahresamt ausdrückt. In dieser vorgegebenen Struktur sagt uns die Liturgie, dass die Seele Zeit braucht. Allerdings lässt sich die Zeit der Trauer auch durch solche Rituale nicht bestimmen. Die Rituale geben uns aber immerhin einen Impuls, einen neuen Schritt in der Trauer zu setzen.

Wir sollen also weder für die Trauerzeit feste Normen aufstellen noch sollen wir die Art und Weise, wie die einzelnen Menschen trauern, bewerten. Jeder reagiert anders und entsprechend seinen eigenen inneren Bedürfnissen. Manche müssen das Zimmer des verstorbenen Kindes noch eine Zeitlang so belassen, wie es war, als das Kind es bewohnte. Andere haben den Impuls, das Zimmer nach einigen Monaten aufzuräumen und neu zu gestalten. Manche brauchen bestimmte Erinnerungsstücke, bei wieder anderen sind es mehr die inneren Erinnerungen. Wir sollen die Trauer nicht bewerten, aber es gibt Gesichtspunkte und allgemeine Kriterien, wann eine Trauer gesund ist oder nicht. Gesund ist eine Trauer, die uns zu einer neuen Beziehung zu uns selbst und zur Welt führt. Wenn wir in der Trauer stecken bleiben und unfähig werden, uns der Realität zuzuwenden, dann tut sie uns nicht gut. Aber am Anfang der Trauer sind wir unfähig, uns ganz der Realität zuzuwenden. Wir sollen dem eigenen Gespür trauen, wann wir uns wieder ganz auf die Wirklichkeit einlassen können. Wenn wir das Gefühl haben, dass wir in der Trauer stecken bleiben und dass wir innerlich verarmen, dann wäre es gut, Hilfe zu suchen und mit einem Seelsorger oder Therapeuten über unsere Trauer zu sprechen.

Verena Kast erzählt von Menschen, bei denen die Trauer nicht gelungen ist, die festhalten an der Trauer. Sie spricht von »komplizierter Trauer« oder auch von »mumifizierter Trauer«. Diese Menschen finden durch die Trauer nicht zu ihrem eigenen Selbst. Sie halten an dem Verstorbenen fest. Sie bewahren etwa seine Kleider auf. Oder die Bettwäsche des Sterbebettes wird nicht gewaschen. Oft zeigt sich dann, dass diese Trauer die Menschen in die Isolierung führt. Sie nehmen nicht am Leben teil und bleiben in der Vergangenheit. Verena Kast meint: »Mit komplizierter Trauer reagieren Menschen, wenn sie zu wenig bewussten Zugang zu ihrem eigenen Selbst haben, etwa wenn sie, aus welchen Gründen auch immer, zu sehr in der Beziehung ›aufgegangen‹ sind.« (Kast 191) Oft sind es auch Menschen, die in ihrer Kindheit schon starke Verlusterfahrungen machen mussten, etwa wenn sie früh ins Krankenhaus mussten oder wenn ein Elternteil früh gestorben ist. Und es sind auch Menschen darunter, die als Kind keine sicheren Bindungen erfahren haben. Sie klammern sich dann an die Beziehung zu dem Verstorbenen, der ihnen ihre Daseinsberechtigung gibt. »Stirbt dieser Mensch, ist auch mit ihm die Daseinsberechtigung zunächst einmal verschwunden.« (Ebd. 192) Solche Menschen – oft sind es Menschen, die nicht sein durften, wer sie waren – klammern sich dann oft an Erinnerungsobjekte, die die Psychologie »linking objects« nennt. Sie wollen den Verlust durch diese Erinnerungsstücke kontrollieren. »Sie durften nicht ihr eigenes Leben leben, weil sie zum Beispiel ein zuvor verstorbenes Kind ersetzen mussten. Ihnen war also nicht erlaubt, ein eigenes Selbst zu entwickeln.« (Ebd. 205) Ein wichtiges Ziel im Trauerprozess ist daher, dass man zum eigenen Selbst findet und wieder fähig wird, das eigene Leben zu leben.

Die Befähigung zum eigenen Leben ist das eigentliche Kriterium, das wir im Blick haben sollten, wenn wir die Trauer des einzelnen betrachten. Auch hier sind die Menschen ja wieder verschieden. Manche brauchen eine Zeitlang Rituale und Erinnerungsobjekte, um die Trauer bewältigen zu können, andere nicht. Eine Frau, die ihren Mann verloren hat, stellte beim Essen immer eine Kerze an den Platz des Verstorbenen. Eine Bekannte meinte, das sei krankhaft. Ich wäre vorsichtig mit einem solchen Urteil. Für diese Frau, die keine Kinder hat, war das Ritual ein Zeichen, dass ihr Mann sie weiterbegleitet und dass sie sich innerlich mit ihm verbunden fühlt. Wenn sich dadurch ausdrückt, dass sie sich nur noch auf sich und ihre vergangene Ehe zurückzieht, ist das ein Indiz dafür, dass sie so in der Trauer stecken zu bleiben droht. Wenn sie, was sie in dem Ritual tut, jedoch als Ausdruck der Nähe ihres Mannes tut, der ihr den Rücken stärkt, damit sie sich wieder dem Leben zuwenden kann, dann ist es in Ordnung. Vielleicht wird sich das Ritual dann irgendwann von selbst wandeln. Entscheidend ist die Wirkung des Trauerverhaltens auf das eigene Leben. Wenn die Rituale mich zum Leben führen, dann brauchen wir keine Angst zu haben, dass sie uns in der Trauer festhalten.

Eine wichtige Aufgabe der Trauer ist es, mich mit dem eigenen Tod in Berührung zu bringen. Die Trauer erinnert mich daran, dass auch ich sterben werde. Der Gedanke an den Tod will mir keine Angst machen. Im Gegenteil: Er befreit mich von dieser Angst. Ich weiß, dass mein Leben begrenzt ist und lebe deswegen bewusst im Augenblick. Der Gedanke an den Tod will mein Leben intensivieren und mich einladen, dieses einmalige Leben achtsam und bewusst zu leben, mir Gedanken zu machen, welche Lebensspur ich in diese Welt eingraben möchte. Wolfgang Amadeus Mozart hat den Gedanken an den Tod als Schlüssel zur Glückseligkeit verstanden. Er schreibt nach dem Tod seiner Mutter an den Vater: »Da der Tod (genau zu nehmen) der wahre Endzweck unseres Lebens ist, so habe ich mich seit ein paar Jahren mit diesem wahren, besten Freunde der Menschen so bekannt gemacht, dass sein Bild nicht allein nichts Schreckendes mehr für mich hat, sondern recht viel Beruhigendes und Tröstendes! Und ich danke meinem Gott, dass er mir das Glück gegönnt hat, mir die Gelegenheit (Sie verstehen mich) zu verschaffen, ihn als den Schlüssel zu unserer wahren Glückseligkeit kennen zu lernen.« (Brief vom 4.4.1787) In Mozarts Musik höre ich heraus, dass er sich mit dem Tod vertraut gemacht hat. In seinen langsamen Sätzen übersteigt er den Tod, da lässt er etwa die Geige hinüberschwingen in ein Jenseits des Todes. Im zweiten Satz des Klarinettenkonzertes (KV 622) hört die Klarinette ihren eigenen Tönen nach, die über den Tod hinausweisen in einen Raum der Vollendung und Schönheit. Bei Mozart kann man mit Recht sagen, dass der Tod das Leben verstärkt. Seine lebenszugewandte Musik sprudelt aus der Quelle des Todes, der für ihn der Schlüssel zu wahrer Glückseligkeit ist. Seine Musik ist nicht oberflächlich. Sie gewinnt ihre Heiterkeit, indem sie sich auch dem Dunkel des Todes stellt und ihn zugleich überwindet.

Auch die Musik von Johann Sebastian Bach ist letztlich Überwindung des Todes. Bach kann eine fröhliche Musik komponieren zu den Worten: »Ich freue mich auf meinen Tod. Ach, hätt er sich schon eingefunden. Da entkomm ich aller Not, Die mich noch auf der Welt gebunden.« Er lässt diese Worte den greisen Simeon singen, der das Heil Gottes in dem Kinde Jesus geschaut hat. Er hat genug gesehen. So kann er singen: »Ach! Wäre doch mein Abschied hier, mit Freuden sagt ich, Welt zu dir: Ich habe genug.« Bach kam zu dieser gläubigen Haltung durch den frühen Verlust seiner ersten Frau und einiger seiner Kinder. Die Erfahrung des Todes hat ihn zu einer inneren Gelassenheit und Fröhlichkeit geführt, die in seiner Musik immer wieder durchklingt.

Und der zeitgenössische Dirigent Daniel Barenboim hat in der Eröffnungsrede des Lucerne Festival 2013 über den Zusammenhang von intensiver musikalischer Erfahrung und Tod etwas gesagt, was ebenfalls aufschlussreich ist und der Bedrohlichkeit des Todes die Spitze nimmt: »Ich habe von der Musik für das Leben gelernt, nicht andersherum ... Im nichtmusikalischen Kontext erleben wir den Tod als etwas Unverständliches und Nichtgreifbares; in der Musik jedoch lernen wir uns dem ›Tod‹ anzunähern. Denn jeder Ton, der endet, ist letztlich wie ein kleiner Tod. Und so gibt uns Musik die Möglichkeit, über unsere menschlichen Beschränkungen hinaus zu erleben und zu leben.«

Für manche ist der Gedanke an den Tod jedoch bedrohlich, weniger wenn sie an den eigenen Tod, als wenn sie an den Tod geliebter Familienmitglieder denken. Besonders, wenn Eltern ein Kind verloren haben, wächst in ihnen die Angst, dass ihnen das auch mit einem der anderen Kinder passieren könnte. Sie haben das Gefühl, dass ihr Vertrauen ins Leben wankt. Sie empfinden vor allem Angst vor einem neuen Abschied. Es ist dann wichtig, mit dieser Angst zu sprechen: »Ja, es kann sein, dass auch ein anderes Kind stirbt, oder der Vater oder die Mutter. Wir haben keine Garantie dafür, dass wir alle gemeinsam alt werden. Ich kann meine Angst nur als Einladung verstehen, mich und meine Familie unter den Segen Gottes zu stellen.« Dann wäre die Angst vor dem Tod auch eine Aufforderung, ganz bewusst im Augenblick zu leben und die Beziehungen in der Familie bewusster wahrzunehmen. Die Begegnungen und Gespräche, alle Bereiche des Zusammenlebens werden dann achtsamer sein als bisher.

Wenn ich sage, dass die Trauer mich auch in eine neue Beziehung zu Gott bringen will, gehe ich dabei davon aus, dass diese neue Beziehung zu Gott verschiedene Aspekte hat. Da ist einmal das Bewusstsein: Der Gott, zu dem ich bete, ist der Gott, bei dem jetzt der oder die Verstorbene ist. Gott bekommt in dieser Vorstellung gleichsam ein menschliches Antlitz: Ich kann nicht an Gott denken, ohne an die Verstorbenen zu denken, die jetzt sein Angesicht schauen. Ich bete zu dem Gott, der die Verstorbene auferweckt hat, genauso wie er seinen Sohn Jesus Christus von den Toten erweckt hat. Und ich bete zu ihm, an den die Verstorbene geglaubt und gehofft und den sie geliebt hat. Die Verstorbene verweist mich auf Gott, der sie in ihrem Leben begleitet hat und dem ihre Sehnsucht galt. Indem ich an ihn denke, fühle ich mich zugleich verbunden mit der Verstorbenen, für die er das Ziel ihres Lebens war und die jetzt an ihrem Ziel angekommen ist. Die Beziehung zu Gott lässt sich also von der Beziehung zur Verstorbenen nicht mehr trennen. Das meint Jesus offensichtlich, wenn er den Sadduzäern im Streitgespräch über die Auferstehung sagt: »Dass aber die Toten auferstehen, hat schon Mose in der Geschichte vom Dornbusch angedeutet, in der er den Herrn den Gott Abrahams, den Gott Isaaks und den Gott Jakobs nennt. Er ist doch kein Gott von Toten, sondern von Lebenden; denn für ihn sind alle lebendig.« (Lk 20,37f.) Gott ist immer auch der Gott meiner Vorfahren, meiner verstorbenen Verwandten. Ich kann nicht an ihn denken, ohne an meine Vorfahren zu denken, die bei ihm sind. Gott ist ein Gott von Lebenden. All die Verstorbenen leben bei ihm und in ihm. Daher ist das Denken an Gott für die frommen Juden immer auch ein Gedenken an die eigenen Vorfahren.

Aber die neue Beziehung zu Gott hat auch noch einen anderen Aspekt für mich. Die Verstorbene ist jetzt im Himmel, doch ich bin hier auf der Erde. Ich kann mich also nicht mehr so auf die Verstorbene, auf den Verstorbenen stützen wie zu ihren Lebzeiten. Jetzt will Gott der eigentliche Grund meines Lebens sein. Und so stellt sich für mich die Frage: Wer ist Gott für mich? Ist er wirklich der Grund, auf dem ich mein Lebenshaus baue? Ich kann im Gebet die Gemeinschaft mit der Verstorbenen erfahren, aber zugleich spüre ich auch den Schmerz über das Alleingelassensein. So ist die Trauer die Herausforderung, mich ganz und gar Gott anzuvertrauen mit meinem Schmerz, mit meiner Verlassenheit. Die Trauer öffnet mich für Gott. Und im Schmerz erahne ich, dass Gott auf dem Grund meiner Seele wohnt. Der Schmerz führt mich in die Tiefe meiner Seele. Dort berühre ich Gott. Und wenn ich Gott in mir berühre, verwandelt sich mein Schmerz in eine neue Verbundenheit mit Gott und in die Ahnung, dass er meine tiefste Sehnsucht erfüllt und dass er die Quelle der Liebe ist, die in mir strömt und die nie versiegen wird. Es ist also letztlich die göttliche Quelle der Liebe, an die mich die Verstorbene immer wieder erinnert. Ich kann die Liebe zu dem Verstorbenen nicht mehr so genießen wie früher. Ich spüre die Liebe und zugleich den Schmerz über den Abstand, den der Tod für mich darstellt. Doch wenn ich mich von dieser schmerzerfüllten Liebe in den Abgrund meiner Seele führen lasse, erkenne ich darin Gott als die Liebe, die stärker ist als der Tod. Dann erkenne ich, was Johannes in seinem Brief schreibt: »Gott ist Liebe. Und wer in der Liebe bleibt, bleibt in Gott, und Gott bleibt in ihm.« (1 Joh 4,16)

Die vier Phasen der Trauer, die im Vorausgehenden beschrieben wurden, folgen nicht einfach nacheinander. Und vor allem bedeuten sie nicht, dass ich die ersten beiden Phasen hinter mir gelassen habe, sobald ich in die vierte Phase eingetreten bin. Vielmehr wollen diese vier Phasen eine innere Struktur der Trauer aufzeigen. Aber die Phasen vermischen sich, und eine frühere Phase taucht unverhofft wieder auf, obwohl wir gedacht haben, wir hätten schon die letzte Phase erreicht. Es braucht uns nur ein Ereignis an die alte Trauer erinnern, schon bricht sie wieder auf. Wir sollten uns dann selbst nicht verurteilen und beschuldigen, dass wir noch nicht weiter sind. Wir sollen vielmehr immer wahrnehmen, was ist. Wenn wir nach der Trauer eine Phase des inneren Friedens und der Lebendigkeit fühlen, dann dürfen wir dankbar sein. Aber wir sollten uns nicht wundern, wenn dieser Friede auf einmal wieder aufgewühlt wird durch einen heftigen Schmerz. Wir können nur vertrauen, dass sich die Trauer wandelt. Und wenn wir schon einmal die vierte Phase erlebt haben, dann weckt sie in uns die Hoffnung, dass auch die bodenlose Trauer uns nicht völlig im Griff hat, sondern dass auch sie sich wandeln wird.

3. Trauer in verschiedenen Trauersituationen

Die Trauer wird jeweils verschieden erlebt, je nachdem wie der Abschied vom Verstorbenen erlebt wurde und wer gestorben ist: ein Ehepartner, ein Elternteil, ein Kind, ein Freund oder eine Freundin. So möchte ich im Folgenden einige dieser möglichen Situationen anschauen.

Trauer nach längerer Krankheit

Wenn der Vater oder die Mutter oder der Ehepartner längere Zeit krank war, dann wurde in aller Regel schon während dieser Zeit Trauerarbeit geleistet. Es ist gleichsam eine vorweggenommene Trauer. Trotzdem wird mit dem Tod des Vaters oder der Mutter etwas endgültig. Auch wenn wir oft denken, für den Vater, für die Mutter sei der Tod nach so einem langen Leiden eine Erlösung gewesen, bekommt die Trauer trotzdem eine neue Dimension. Denn mit dem Tod wird der Abschied endgültig. Manchmal galt die ganze Sorge und viel Mühe während der Krankheit der kranken Mutter. Wenn sie gestorben ist, ist man auf der einen Seite befreit von der Last der Arbeit. Auf der anderen Seite aber fehlt jetzt die Mutter. Man hat niemanden mehr, für den man zu sorgen hat. Und auf einmal merkt der Sohn am Sonntagnachmittag, dass er seine

Mutter, seinen Vater nicht mehr anrufen kann. Und wenn er unwillkürlich zum Telefon greift, wird ihm schmerzlich bewusst: Ich kann sie nicht mehr anrufen. Sie sind tot.

Wenn der Abschied gut gelungen ist, fällt die Trauer leichter. Sie ist dann mit einem tiefen Gefühl von Dankbarkeit verbunden. Der Mann ist dankbar, dass er seine Frau in ihrer Krebserkrankung so liebevoll begleitet hat, dass sie miteinander so tiefe Gespräche hatten. Manche erleben diese letzte Phase des Abschiednehmens als die intensivste Zeit ihrer Ehe. Sie kamen sich nie so nah wie in der Krankheit. In dieser Zeit konnten sie über alles sprechen und auch ihre Liebe mit Worten ausdrücken, die sie sonst nie gesagt hätten. Ein Mann erzählte mir vom Tod seiner Frau, die durch ihre Krebserkrankung lange ans Bett gefesselt war. Seine Frau sah in der Phase ihres Sterbens eine lichte Gestalt an ihrem Bett sitzen und fragte den Mann, wer diese Gestalt sei. Der Mann hat lange nicht gewagt, über diese Erfahrung zu sprechen, erst in einem Kreis von Trauernden hatte er den Mut dazu. Und er erfuhr als Bestätigung, dass andere Trauernde von ähnlichen Erfahrungen berichteten. Für diesen Mann war der Abschied von seiner Frau etwas Heiliges. Er hatte nicht nur seine tiefe Liebe zu seiner Frau gespürt, sondern auch das Numinose des Sterbens. Und er konnte mit Gewissheit glauben, dass seine Frau vom Engel über die Schwelle geleitet wurde. Auch wenn der Tod seiner Frau ihn nach wie vor schmerzte und die Trauer ihn immer wieder überfiel, so war doch die Erinnerung an dieses Sterben voller Dankbarkeit. Und seine Trauer wurde daher immer wieder von Dankbarkeit und stiller Freude durchdrungen.

Andere erleben das Sterben ihres kranken Mannes oder ihrer kranken Frau jedoch anders. Da war einer in seiner Krankheit besonders empfindlich, reagierte manchmal ungehalten und hatte als Sterbender große Schmerzen und Erstickungsängste. Und es gibt für den Hinterbliebenen auch keine gute Erinnerung an das Sterben, wenn man selbst mit der Pflege überfordert und gereizt war. Das belastet die Trauer und oft tauchen dann auch Bilder des schweren Sterbens im Traum auf. Da gilt es, seine eigenen idealen Bilder des Sterbens loszulassen und sich damit auszusöhnen, dass der Tod so war, wie er war. Wir sollen darüber nicht urteilen, sondern den Tod und den Verstorbenen Gott überlassen. Oft tauchen dann Schuldgefühle auf, dass man nicht alles getan hat, um dem Sterbenden das Sterben zu erleichtern.

Trauer bei plötzlichem Tod

Oft reagieren die Hinterbliebenen mit einem Schock, wenn sie plötzlich und unerwartet vom Tod ihres Vaters oder ihrer Mutter, ihres Ehegatten oder eines Kindes erfahren. Da stirbt der Mann beim gemeinsamen Spaziergang plötzlich am Herzinfarkt. Man konnte gar nicht Abschied nehmen. Von einem Augenblick auf den anderen wird, mit einem Schlag, das Leben anders. Das, was einen getragen hat, ist einem genommen worden. Immerhin war in diesem Fall die Frau noch dabei, als ihr Mann auf einmal zusammenbrach. Noch schwieriger ist es, wenn die Frau erfährt, dass ihr Mann auf dem Weg zur Arbeit einen

Verkehrsunfall hatte und sofort tot war. Er war gesund aus dem Haus gegangen und kommt jetzt als Leiche zurück. Oder die Tochter war mit dem Freund im Auto unterwegs. Keiner machte sich Gedanken. Doch dann kommt der Anruf der Polizei, dass die Tochter tödlich verunglückt ist. Da ist es nicht nur der Schock über den plötzlichen Tod. Sofort kommen auch die Versäumnisse hoch: Meine letzten Worte waren nicht besonders feinfühlig, sondern nur oberflächlich oder sogar aggressiv. Dann verbindet sich der Schock mit Schuldgefühlen. Und es tut weh, dass man nicht Abschied nehmen konnte, dass all die Worte der Liebe, die man dem Verstorbenen hätte sagen wollen, ungesagt geblieben sind.

Noch schwieriger ist die Trauer, wenn der Leichnam nie gefunden wird. Ein Priester erzählte mir, dass ein großer Teil seiner Familie bei einer Bootsfahrt im Gardasee ertrunken war. Da war einmal die Wut über den Freund der Familie, der mit der Bootsfahrt angeben wollte, obwohl ihn andere wegen des starken Wellengangs gewarnt hatten. Und dann war der Schmerz, dass die Familie die Leichen nie bergen konnte. Sie waren für immer am Grund des Sees an unbekannter Stelle verschwunden. Wenn die Trauer keine Heimat hat, wenn es kein Grab gibt für den Verstorbenen, dann ist die Trauer umso schwieriger. Man braucht dann andere Rituale, um gemeinsam Abschied zu nehmen von den Verstorbenen.

Beim plötzlichen Tod müssen wir den Abschied nachholen. Das kann durch die Gestaltung der Beerdigung geschehen. Oder es kann eben in Briefen geschehen, die man an den Verstorbenen schreibt, in denen man all die ungesagten Worte schreibt, die man dem Verstorbenen so gerne gesagt hätte, Worte der Liebe, Worte der Ermutigung, Worte der Wertschätzung, Worte der Dankbarkeit. Es ist nie zu spät, Abschied zu nehmen. Auch wenn uns der Abschied zu Lebzeiten verwehrt wurde, können wir doch in gebührender Weise Abschied nehmen.

Trauer bei Suizid

Die Trauer beim Suizid des Ehepartners, eines Elternteiles oder eines Kindes ist besonders belastet. Man steht fassungslos vor diesem Tod. Man versteht ihn nicht, und spürt vielleicht doch die Aggression oder einen Vorwurf: Du hast mich nicht verstanden. Und so taucht mit der Trauer oft Ärger auf. Und es kommen gleichzeitig starke Schuldgefühle hoch: Warum habe ich nicht gemerkt, wie es ihm geht? Was habe ich versäumt? Bei manchen werden diese Schuldgefühle unerträglich. Sie fühlen sich schuldig am Tod des anderen und fragen sich: Habe ich ihn in den Tod getrieben? Manchmal überwiegen die Aggressionen die Schuldgefühle. Eine Frau, deren Mann nach einer erfolgreichen Karriere sich selbst erschossen hatte, war so voller Wut, dass sie nur auf ihren Mann geschimpft und die Trauer verweigert hat. Die Leute waren entsetzt und warfen ihr vor, sie müsse doch trauern. Doch wir sollen ihre Reaktion nicht bewerten. Vielleicht war die Aggression für sie heilsam, sich von ihrem Mann innerlich zu lösen. Irgendwann wird auch Aggression dann in eine Trauer münden. Aber jeder Trauerprozess verläuft anders.

Und wir sollen das respektieren, ohne Normen aufzustellen.

Oft fühlen sich die Hinterbliebenen unfähig, mit anderen über den Suizid des Verwandten zu sprechen. Am liebsten möchte man ihn verheimlichen und den Suizid als Unfall verschleiern. Aber dabei fühlt man sich auch nicht gut. Das Verheimlichen belastet einen noch mehr. Und man spürt bei den Verwandten, dass sie nur hinter vorgehaltener Hand über den Suizid sprechen, aber einen selbst nicht offen ansprechen. Gerade Menschen, die vom Suizid eines nahen Verwandten betroffen sind, brauchen Begleiter, die mit ihnen gehen, die ihre Trauer aushalten. Ihnen können sie alles sagen, ohne sich bewertet zu fühlen. Indem sie ihre eigenen Selbstbeschuldigungen aussprechen, können sich die Schuldgefühle langsam auflösen, vor allem dann, wenn der Begleiter damit behutsam umgeht. Er soll die Schuldgefühle nicht entwerten, sondern sie ernst nehmen und sie zugleich relativieren. Und er soll das ganze Geschehen gemeinsam mit dem Trauernden in Gottes Barmherzigkeit hineinhalten. Im Gespräch mit dem Begleiter geht die Frage immer wieder darum, warum der Sohn oder die Tochter sich das Leben genommen haben. Manchmal sind die Motive nachvollziehbar: Da hat sich der Freund der Tochter das Leben genommen, weil die sich von ihm getrennt hat. Die Umgebung des Freundes hat dann der Tochter die Schuld am Tod ihres Freundes zugeschoben. Das hat sie wiederum nicht ausgehalten und sich vier Wochen später das Leben genommen, auf die gleiche Weise wie ihr Freund. Aber oft ist eine solche Tat absolut unverständlich. Da hat etwa ein junger Mann mit seinen Freunden noch ein Fest gefeiert. Er war in guter Stimmung. Er war überall beliebt, bei der Feuerwehr engagiert, im Dorf anerkannt. Doch nach der Feier erhängt er sich. Am nächsten Morgen wird er gefunden. Weder die Freunde noch die Eltern können sich erklären, warum sich der Sohn erhängt hat. Es bleibt ein Rätsel. Und das belastet die Trauer. Da wäre es wichtig, all die Überlegungen und Spekulationen, warum er sich umgebracht hat, loszulassen und einfach nur den Tod und den Verlust des Sohnes zu betrauern. Man muss das Geheimnis des Todes einfach stehen lassen, ohne es je ganz begreifen zu können.

Trauer beim Tod der Eltern

Die Trauer beim Tod der Eltern sieht oft sehr verschieden aus. Da gibt es Männer, die beim Tod des Vaters kaum trauern, weil sie keine gute Beziehung zu ihm hatten. Sie zeigen keine äußere Trauer, sondern eher Erleichterung. Aber auch sie müssen sich mit dem Tod des Vaters aussöhnen und ihre Beziehung zu ihm klären und aufarbeiten. Manche Männer und Frauen machen sich Vorwürfe, weil sie beim Tod ihrer Eltern nicht genügend trauern. Aber sie sollen das nicht bewerten. Manchmal überwiegt beim Tod der Eltern auch das Gefühl der Erleichterung. Andere schieben den Tod einfach zur Seite. Er berührt sie nicht. Sie hatten kaum mehr Beziehung zu den Eltern. Oder sie hatten den Kontakt zu den Eltern völlig abgebrochen, weil sie nur noch Verletzungen erlebt haben.

Aber auch wenn sie an der Beerdigung nicht teilgenommen haben, irgendwann ist es dann doch an der Zeit, den Tod der Eltern zu bedenken und die Beziehung zu ihnen zu klären. Eltern sind die Wurzeln unseres eigenen Lebens. Und wenn die Wurzel ungereinigt bleibt, kann das eigene Leben nicht genügend zur Blüte kommen.

Es gibt auch andere sehr starke Reaktionen auf den Tod der Eltern. Da ist etwa der Tod der Mutter für eine Tochter fast unerträglich. Die Mutter war der einzige Halt. Mit ihr konnte man alles besprechen. Jetzt fehlt sie, und mit ihr fehlt die Mitte der Familie, die nun auseinanderzufallen droht. Dann gilt es, die Mutter innerlich loszulassen und nun selbst mütterlich oder väterlich mit sich umzugehen. Und es ist eine neue Herausforderung, nun Mutter oder Vater für andere zu sein.

Eine Frau erlebte in kurzer Zeit den Tod ihrer Mutter und ihres Vaters. Sie tat sich schwer mit ihrer Trauer. Denn auf einmal spürte sie, dass sie keinen Halt mehr hatte. Wenn nur ein Elternteil stirbt, hat man immer noch den Eindruck, im andern eine Stütze zu haben. Jetzt hat man niemanden mehr, an den man sich wenden kann. Jetzt muss man selbst Mutter oder Vater werden, ohne von den Eltern dabei gestützt zu werden. Ähnlich kann es einem ergehen, wenn der überlebende Elternteil stirbt. Da wird etwas endgültig: Die Stütze der Eltern fällt für immer weg. Jetzt ist man selbst daran, für andere Stütze zu werden. Doch viele fühlen sich in ihrer Trauer überfordert, jetzt für ihre Kinder genügend Stütze zu sein, wo ihnen ihr eigener Halt genommen worden ist.

Mein eigener Vater starb plötzlich mit 72 Jahren beim

Abendessen an einem Herzinfarkt. Meine Mutter ist mit 91 Jahren nach einjähriger Pflege gestorben. Ich kann nicht sagen, was schlimmer war. Jeder Tod war anders. Aber im Nachhinein kann ich sagen: Es hat so gestimmt, wie es war. Mein Vater konnte nicht krank sein und sich pflegen lassen. Das wäre für seinen Stolz unerträglich gewesen. Er starb, wie es für ihn stimmte. Ich war damals gerade in Rom, als mich meine Schwester anrief und mir seinen Tod mitteilte. Es war der 8. Mai. Ich fuhr sofort mit dem Zug nach Hause und überlegte mir die ganze Nacht, was ich im Requiem sagen sollte. Sechs Wochen später war meine Priesterweihe und dann meine Primiz. Da fehlte der Vater, der sich so sehr auf dieses Fest gefreut hatte. Meine Mutter war ein Jahr lang krank. Ich hatte einen Vortrag in München zu halten und am nächsten Tag einen in Salzburg. So aß ich mit meiner Mutter noch zu Abend und übernachtete daheim. Am Morgen verabschiedete ich mich still von ihr, als sie noch schlief. Doch offensichtlich hatte sie es mitbekommen und gegenüber meiner Schwester eine Bemerkung gemacht. Am Nachmittag starb sie plötzlich. Es war am 8. Dezember, einem Marienfest. Es war für mich stimmig, dass beide am 8. starben, der Vater im Marienmonat Mai, die Mutter an einem Marienfest. Das war für mich ein Bild, dass beide für uns Kinder auf den offenen Himmel verwiesen – das Symbol der Acht – und dass ihr Sterben ein Sterben in Gottes mütterliche Hände war – dafür ist Maria das Symbol.

Trauer beim Tod eines Ehepartners

Beim Tod eines Ehepartners ist zunächst einmal der Schmerz über den Abschied von dem geliebten Menschen besonders stark. Da zerbricht aber zusätzlich auch der eigene Lebenstraum eines langen glücklichen gemeinsamen Lebens. Und so gilt es jetzt nicht nur den Wegfall des Partners zu betrauern, sondern auch den zerbrochenen Lebenstraum. Und die Trauer schwankt dann zwischen dem Schmerz über den Verlust des Partners und der Herausforderung, nun sein Leben selbst in die Hand zu nehmen. Da gibt es sehr verschiedene Formen der Trauer. Die einen kommen durch die Trauer um den Ehepartner zu ihrem eigenen Selbst und entdecken in sich neue Möglichkeiten, die sie bisher in der Partnerschaft zurückgestellt haben. Meine Mutter zum Beispiel entwickelte nach dem Tod ihres Mannes ihre eigenen Fähigkeiten. Sie wuchs daran und wurde für viele Menschen zu einer geschätzten Gesprächspartnerin. Andere Frauen fühlen sich durch den Tod des Mannes wie gelähmt. Und manche Männer fühlen sich ihres Schatzes beraubt. Die Frau, die ihr Haus mit Liebe und Wärme erfüllt hat, fehlt ihnen. Alles kommt ihnen kalt und sinnlos vor und so braucht es oft lange Zeit, bis sie durch die Trauer hindurch wieder zu neuer Lebensfreude gelangen. Und manche bleiben auch in der Trauer stecken. Sie können den Verlust des Partners nicht verschmerzen, sondern halten am Partner manchmal in einer ungesunden Weise fest. Aber als Begleiter sollten wir vorsichtig sein, die Art und Weise der Trauer um den verstorbenen Ehepartner zu bewerten. Wir sollten all die Rituale, die der Trauernde entwickelt, wertschätzen. Aber wir sollten darauf achten, ob der Trauernde an der Vergangenheit festhält und sich in sie zurückzieht, oder aber ob der verstorbene Ehegatte zum inneren Begleiter wird, der den Trauernden zum Leben führt und ihm den Rücken stärkt, damit er sein Leben meistert. Manche brauchen die Gespräche mit ihrem verstorbenen Gatten, um ihr Leben zu meistern. Sie klammern sich nicht an ihn, sondern nehmen ihn als inneren Begleiter und Gesprächspartner. Und das innere Gespräch mit dem verstorbenen Partner befähigt sie dazu, ihr Leben weiterzuleben und mit ihrer eigenen Kraft in Berührung zu kommen.

Trauer beim Tod einer Schwester oder eines Bruders

In Trauergesprächen höre ich immer wieder vom Schmerz über den Tod eines Bruders oder einer Schwester. Manchmal starb der Bruder schon früh, als man gerade drei oder vier Jahre alt war. Oder der ältere Bruder, der einem Stütze war, ist gestorben, als man gerade in die Pubertät kam. Beim Tod eines Bruders oder einer Schwester spielt für die Trauer naturgemäß die Beziehung zu ihnen eine wichtige Rolle. Manchmal fühlen sich die Geschwister schuldig am Tod des Geschwisters. Oder aber sie erkennen, dass ihre Beziehung nicht besonders gut war. Oder aber sie haben den Eindruck, ihnen wird ein Stück ihres eigenen Herzens entrissen. Die Geschwister werden jedenfall durch den Tod stark verunsichert. Viele leiden darunter, wenn ihnen ein Bruder oder eine Schwester schon in frühen Jahren durch einen Verkehrsunfall oder eine Krankheit entrissen wird. Manchmal spüren dann die Geschwister aber auch Aggressionen, weil die Eltern sich vor allem um den kranken Bruder gekümmert und sie selbst vernachlässigt haben. Oder aber die verstorbene Schwester wird so idealisiert, dass sich die übrigen Geschwister minderwertig fühlen. Es kann aber auch sein, dass die Geschwister die Trauer der Eltern so stark spüren, dass sie das Gefühl haben, sie selber hätten jetzt gar kein Recht zu trauern. Ihre Trauer wird nicht wahrgenommen. Und so verdrängen sie oft ihre Trauer. Aber in diesem Verdrängen wächst auch die Wut darüber, dass sie mit ihrer Trauer übersehen werden. Diese Wut zeigt sich dann manchmal in der Entwertung des verstorbenen Bruders oder der verstorbenen Schwester oder aber in Aggressionen gegenüber den Eltern. Man macht durch aggressives Verhalten auf sich aufmerksam, damit man endlich einmal selber ernst genommen wird.

Eine andere Form von Trauer erleben ältere Geschwister, wenn einer aus der Geschwisterreihe als erster stirbt. Sie werden dann daran erinnert, dass nun auch sie bald an der Reihe sind. Dass die Eltern gestorben sind, das gehört zum Leben. Aber wenn ein Bruder oder eine Schwester stirbt, dann wird man mit dem eigenen Sterben auf noch intensivere Weise konfrontiert. Und auch in einer solchen Situation ist es eine Aufgabe, in der Trauer die Beziehung zur verstorbenen Schwester oder zum verstorbenen Bruder zu klären. Dann kommen oft Schuldgefühle hoch, wenn man den Bruder oder die Schwester vernachlässigt hat oder wenn sogar der Kontakt abgebrochen war.

Trauer beim Tod einer Freundin/eines Freundes

Freunde und Freundinnen sind für jeden von uns ein wertvoller Schatz. Eine Frau erzählte, dass ihre beste Freundin an Krebs gestorben ist. Sie hat sie liebevoll begleitet, doch nun fehlt sie ihr. Der Schmerz ist so groß, weil ihr der Mensch entrissen worden ist, mit dem sie über alles sprechen konnte, mit dem sie sich besser verstand als mit ihren Eltern und Geschwistern. Oder ein Mann hat seinen besten Freund durch einen Verkehrsunfall verloren. Er fehlt ihm sehr. Doch er fühlt sich in seiner Trauer von seiner Umwelt nicht verstanden. Man akzeptiert die Trauer um die Eltern, Geschwister oder Kinder, aber kaum die Trauer um einen Freund oder eine Freundin. So bleiben solche Menschen mit ihrer Trauer oft allein. Und die Gefahr ist, dass sie die Trauer dann verdrängen. Es ist aber auch hier wichtig, diese Trauer zuzulassen, bis der Freund oder die Freundin zu einem inneren Begleiter werden können.

Wie tief die Trauer um den Freund gehen kann, zeigt die Totenklage, die der Held vor Troja um den Tod seines Freundes Patroklos anstimmt, oder das Klagelied, das David für seinen gefallenen Freund Jonathan singt: »Weh ist mir um dich, mein Bruder Jonathan. Du warst mir sehr lieb. Wunderbarer war deine Liebe für mich als die Liebe der Frauen.« (2 Sam 1,26) Der Tod eines Freundes oder einer Freundin kann einen ebenso tief berühren wie der Tod des Ehegatten. Manche haben das Gefühl, aller Halt sei ihnen aus der Hand gerissen worden.

Trauer beim Tod eines Kindes

Wir sollten die verschiedenen Trauerweisen nicht miteinander vergleichen. Aber aus meiner Erfahrung mit verwaisten Eltern habe ich das Gefühl, dass der Tod eines Kindes die schmerzlichste Trauer auslöst und vor allem eine Trauer, die nicht durch ein Trauerjahr zu Ende ist, sondern die die Eltern noch sehr lange bewegt. Sie fühlen den Schmerz, dass Kinder, die ihr eigenes Fleisch und Blut sind, ihnen entrissen worden sind. Oft sind es Kinder, die voller Hoffnung waren, die viele Pläne für das Leben hatten, die beliebt waren bei ihren Freunden und die engagiert waren in der Kirche oder der Schule und die sich für soziale Projekte eingesetzt haben. Warum musste ausgerechnet diese so begabte Tochter, die noch so viel vorhatte, sterben? Warum durfte der Sohn seine vielen Pläne nicht verwirklichen? Warum wurde er so jäh dem Leben entrissen? Er war doch voller Ideale. Er hat sich für die anderen engagiert und überall Hoffnung verbreitet. Man versteht einfach nicht, warum Gott das zulassen konnte.

Den Kurs, den ich für verwaiste Eltern halte, nenne ich »Tod zur Unzeit«. Da fühlen sich viele Eltern verstanden. Denn sie haben den Eindruck, der Tod ihres Kindes ist zur Unzeit eingetreten. Das war nicht die Zeit zum Sterben. Die Reihenfolge wurde nicht eingehalten. Nicht die Kinder begraben ihre Eltern, sondern umgekehrt. Das widerstrebt unserem Empfinden. Und viele Eltern erleben es als ungerecht, als unzeitgemäß, als etwas, was »gegen die Natur« ist. Viele Eltern haben den Eindruck, ihr Haus sei verwaist, wenn das Kind plötzlich fehlt, das so viel Freude und Lebendigkeit in ihr Leben gebracht hat. Und es fehlt ihnen der Sohn oder die Tochter, auf die sie die ganze Sorge gerichtet haben, denen sie ein gutes Leben ermöglichen wollten.

Die Trauer um ein verlorenes Kind ist nicht nach einem Jahr zu Ende. Sie wandelt sich. Aber sie kann immer wieder durchbrechen, wenn man einen jungen Mann oder eine junge Frau sieht, die im gleichen Alter wie der verstorbene Sohn oder die verstorbene Tochter sind. Und die Trauer um das verstorbene Kind bricht oft neu auf, wenn in der Familie ein Elternteil oder Geschwister sterben. Ein alter Mann kam nicht über den Tod seiner Frau hinweg. Von außen her gesehen, war das kaum verständlich. Denn seine Frau war seit langem krank gewesen und ihr Tod eine Erlösung. Doch in die Trauer um seine verstorbene Frau mischte sich die Trauer um ihr vor 50 Jahren verlorenes Kind mit hinein. In der Begleitung von verwaisten Eltern müssen wir uns vor vorschnellen Tröstungen hüten. Wir können die Trauernden damit nur verletzen. Es geht vor allem darum, behutsam hinzuhören und ihre Trauer aushalten und unsere Worte sehr bedächtig auszuwählen, die wir zu ihnen sprechen.

4. Was uns tröstet

In der Trauer brauchen wir Menschen, die uns zur Seite stehen und uns Trost spenden. Und wir brauchen Worte, die uns trösten. Welchen Trost die Menschen suchen und welche Worte sie trösten, das können wir aus den Trauersprüchen ersehen, die sie beim Tod lieber Menschen in die Zeitung setzen. Bevor ich auf den Trost durch Menschen eingehe, möchte ich daher einige dieser für Traueranzeigen ausgewählten Worte betrachten und nach dem Trost fragen, der in ihnen steckt.

Tröstende Worte

Die Worte, die Angehörige meist als Motto zu einer Todesanzeige in die Zeitung setzen, sind eine Art Selbsttröstung. Die Trauernden versuchen, durch diese Worte ihre eigene Trauer zu verarbeiten oder den erfahrenen Tod in eine bestimmte Perspektive zu setzen. Natürlich bieten inzwischen Beerdigungsinstitute eine Auswahl an Sprüchen an, die sie den Trauernden vorschlagen. Aber auch in diesen Vorschlägen bzw. ihrer Auswahl wird ja sichtbar, was Menschen in der Situation der Trauer tröstet und wonach sie sich sehnen. In diesen Worten erkennen wir, wie Menschen heute mit Tod und Trauer umgehen und was sie als erhellend, als hilfreich und tröstlich empfinden. Offensichtlich brauchen Trauernde Worte, sie mögen schlicht oder auch poetisch oder tiefsinnig sein, die sie in ihrer Sprachlosigkeit begleiten, die ihnen Halt geben und die ihre Trauer verwandeln.

Der Weg ist nun zu Ende. Und leise kam die Nacht.
Wir danken dir für alles, was du für uns gemacht.

In diesem Wort überwiegt die Dankbarkeit. Die erste Zeile drückt die Trauer aus mit den Bildern des Wegendes und der Nacht. Die Trauer wird nicht übersprungen. Aber entscheidend ist die Dankbarkeit für das, was der Verstorbene den Trauernden während seines Lebens geschenkt hat. Die Erinnerung an das, was er war und getan hat, ist stärker als die Trauer über den Verlust. In diesem Worten wird die Hoffnung sichtbar, dass die Dankbarkeit die Trauer allmählich verwandelt.

Hinter den Tränen der Trauer
Verbirgt sich das Lächeln der Erinnerung.

Auch hier wird die Trauer eingestanden. Die Trauer drückt sich in Tränen aus. Die Tränen dürfen sein. Sie werden nicht übersprungen. Aber der Spruch lädt dazu ein, hinter den Tränen der Trauer das Lächeln der Erinnerung zu entdecken. Trauern heißt, sich immer wieder erinnern an das, was der Verstorbene war, wie er gelebt hat, was ihn bewegt hat. Wenn wir uns an die Spur erinnern, die der Verstorbene in diese Welt eingegraben hat, dann taucht hinter den Tränen immer auch ein Lächeln auf, ein Lächeln darüber, dass er ein Mensch war mit liebenswerten Seiten, aber auch mit Fehlern und Schwächen.

Ich bin müde geworden. Meine Augen haben viel gesehen, meine Ohren viel gehört. Es ist Zeit, dass ich hingehe, wo ich alles verstehen werde.

In diesem Wort spricht der Verstorbene. Und er erklärt sich einverstanden mit seinem Schicksal. Er ist lebenssatt geworden. Er hat alles gesehen, was er sehen wollte, und alles gehört, was er hören wollte. Jetzt ist er müde geworden. Er will nichts mehr hören und sehen. Jetzt ist es für ihn Zeit, dort hinzugehen, wo er alles verstehen wird. Der Tod wird hier als ein Ziel verstanden und als ein Ort, an dem uns die Augen aufgehen werden. Wir werden all das, was wir hier auf Erden gesucht und nicht verstanden haben, auf einmal verstehen. Wir werden die Wahrheit schauen. Und das wird unsere tiefste Sehnsucht erfüllen.

Der Tod ist wie ein dunkles Tor,
wir gehen hindurch
und sind daheim.

Der Trauernde meditiert in diesem Wort das Geheimnis des Todes. Der Tod ist für ihn ein dunkles Tor, durch das wir hindurchgehen. Der Tod hat trotz aller theologischen Einsichten immer noch etwas Dunkles an sich. Er ist ein dunkles Tor. Aber wir wissen: Wenn wir durch dieses dunkle Tor hindurchgehen, sind wir daheim. Das Ziel ist die Heimat. Hier klingt das Wort des Novalis an: »Wohin denn gehen wir? – Immer nach Hause.« Das Ziel unseres Weges ist Heimat. Hier haben wir Heimat erfahren dürfen, wo uns Menschen liebten, wo wir uns geborgen und getragen fühlten, nicht nur von Menschen, sondern auch von der Landschaft, vom Dorf, von der Stadt. Das Vertraute war uns Heimat. Doch unsere Sehnsucht nach Heimat ist größer. Heimat ist nach einem Wort von Ernst Bloch »etwas, das allen in die Kindheit scheint und worin noch niemand war«. Wir verbinden Heimat mit unserer Kindheit. Aber die Kindheit ist nicht mit der Heimat identisch. Durch das dunkle Tor hindurch werden wir in die Heimat gelangen, in der wir für immer daheim sind.

Ich gehe zu denen, die mich liebten,
und warte auf die, die mich lieben.

In diesem Wort spricht der Verstorbene zu uns. Er versteht den Tod, der ihm von außen widerfahren ist, als etwas, was er selbst tut. Sein Sterben ist ein Gehen. Er geht zu denen, die ihn einst geliebt haben. Hier drückt sich das Vertrauen aus, dass wir im Tod die wiedersehen werden, die wir geliebt haben und die uns geliebt haben. Im Tod werden wir auf die treffen, die uns in unserem Leben geliebt haben. Und wir werden vom Himmel aus, in dem

wir eins sind mit Gott und mit den Menschen, die uns geliebt haben, auf die warten, die uns jetzt lieben, die uns
ihre Liebe jetzt in ihrer Trauer zeigen.

Als Gott sah,
dass der Weg so lang,
der Hügel zu steil,
der Atem zu schwer wurde,
legte er den Arm um ihn
und sprach: Komm heim!

Dieses in vielen Traueranzeigen beliebte Wort drückt weniger die Trauer aus, als das Mitgefühl mit dem Verstorbenen. Der Tod war für den Verstorbenen eine Erlösung:
Dieses Wort soll den Trauernden vermitteln, dass es für
den Verstorbenen das Beste war, dass Gott seine Hand um
ihn legte. Man kann hier an schwerkranke Menschen denken, die nach einem langen Leiden von ihrer Krankheit
erlöst wurden. Oder an alte Menschen, deren Kraft immer
mehr nachgelassen hat. Man kann sich aber auch Menschen vorstellen, die Suizid begangen haben, weil sie das
Leben nicht mehr ausgehalten haben. Dann wird der
Schmerz verwandelt in Mitleid mit dem Menschen, der
nicht anders konnte. Und der Suizid, auch wenn er ein
aggressiver Akt gegenüber sich selbst und gegenüber den
Lebenden gewesen sein mag, wird als zärtliche Geste
Gottes uminterpretiert: Gott sah ein, dass der Verstorbene so nicht weiterleben konnte. Daher hat er seinen Arm
um ihn gelegt und gesagt: Komm heim! Wie weit diese

Umdeutung des Todes den Trauernden wirklich hilft, ihre Trauer zu verwandeln, kann ich nicht sagen. Zumindest ist es ein Versuch, das Geschehen des Todes oder auch des Suizids in ein helleres Licht zu tauchen.

Oft greifen Trauernde auf Dichterworte zurück. Sie finden selbst keine Worte für das Geschehen des Todes und für ihre Trauer. Doch in den Worten der Dichter fühlen sie sich verstanden und kommen mit den eigenen Gefühlen in Berührung.

Du gingest fort. – In meinem Zimmer
Klingt noch leis dein letztes Wort.
Schöner Stunden matter Schimmer
Blieb zurück. Doch du bist fort. (Mascha Kaléko)

In diesem Vers benennt die Dichterin beides: das Fortgehen und Fortsein, aber auch das Bleibende. Das letzte Wort klingt noch leise im Zimmer weiter. Und der matte Schimmer schöner Stunden erfüllt das Zimmer weiterhin. Doch alle schönen Worte und alle Erinnerungen können nicht darüber hinwegtäuschen: Du bist fort. Der Schmerz muss zugelassen werden. Sonst wären die anderen Worte nur Selbsttröstung.

Da ist ein Land der Lebenden,
und da ist ein Land der Toten.
Die Brücke zwischen ihnen ist die Liebe,
das einzig Bleibende – der einzige Sinn. (Thornton Wilder)

Hier wird die biblische Botschaft, dass die Liebe stärker
ist als der Tod, aufgegriffen. Das Land der Lebenden und
das Land der Toten sind voneinander getrennt. Doch es
gibt eine Brücke, die beide Länder verbindet. Das ist die
Liebe. Die Liebe bleibt, auch wenn ein lieber Mensch
stirbt. Aber trotzdem müssen wir bekennen, dass wir wie
in zwei voneinander getrennten Ländern leben. Wir können nicht über die Brücke in das andere Land gehen, sonst
wären wir für immer im Land der Toten. Wir können nur
auf der Brücke in das Land hinübersehen und etwas von
dem erspähen, was der Verstorbene für uns bedeutet. Wir
können erahnen, dass er am Ziel angekommen ist, dass er
im Frieden ist und uns mit seiner Liebe weiterhin begleitet.

Ich bin nicht tot, ich tauschte nur die Räume.
Ich leb in euch und geh durch eure Träume,
da uns, die wir vereint, Verwandlung traf.
... Ich leb mit tausend Seelen weiter dort
im Herz der Freunde. Nein, ich ging nicht fort:
Unsterblichkeit vom Tode mich erlöst. (Michelangelo)

Beliebt ist auch dieser Text, der dem großen italienischen
Künstler Michelangelo Buonarotti zugeschrieben wird:

Hier wird der Tod nur als Tauschen der Räume verstanden. Der Verstorbene geht vom Raum dieser Welt in den Raum Gottes. Doch in den Träumen kommt er wieder in unsere Welt. Da zeigt er uns, dass er weiter mit uns lebt, dass er nicht fort ging, sondern im Herzen der Freunde weiterlebt. Hier wird die Trauer nicht angesprochen, sondern überwunden, indem ein anderes Bild des Todes gezeichnet wird. Das Bild soll tröstlich sein für die, die trauern. Es soll ihnen vermitteln, dass der Tod Verwandlung ist. Auch die Beziehung zum Verstorbenen ist verwandelt. Aber die Beziehung bleibt bestehen. Der Verstorbene lebt in uns weiter fort. Eine Frau, die ihr Kind verloren hat, bestätigte diese Sicht des italienischen Bildhauers. Sie meinte, seit dem Tod spüre sie ihren Sohn viel näher als vorher. Sie fühle sich von ihm oft umarmt. Als sie Fahrrad fuhr, hatte sie den Eindruck, dass ihr Sohn ihr die Haare, die im Wind wehten, streichelte.

Nie erfahren wir unser Leben stärker
Als in großer Liebe und tiefer Trauer. (Rainer Maria Rilke)

Rilke deutet in diesem Wort unsere Trauer. Die Trauer schmerzt uns, aber sie führt uns auch in das Geheimnis unseres Lebens, in das Geheimnis der eigenen Person, aber auch in das Geheimnis des Verstorbenen und in das Geheimnis Gottes. Dieses Wort kann die Trauernden trösten. Sie dürfen ihre tiefe Trauer zeigen. Und manchmal werden sie den Eindruck haben, dass ihre Trauer ihnen den Boden unter den Füßen wegzieht. Aber diese abgrundtiefe Trauer ist zugleich der Ort, an dem sie auf einzigartige Weise das Geheimnis des Lebens erfahren. Auch der Schmerz gehört zum Leben. Und die Trauernden werden getröstet, dass ihre Trauer ja auch Liebe ist. Und sie sollen sich weder ihrer Liebe noch ihrer Trauer schämen.

Es ist unmöglich und mein innerstes Leben empört sich, wenn ich denken will, als verlören wir uns. Ich würde Jahrtausende lang die Sterne durchwandern, in alle Formen mich kleiden, in alle Sprachen des Lebens, um Dir Einmal wieder zu begegnen. Aber ich denke, was sich gleich ist, findet sich bald. (Friedrich Hölderlin)

Friedrich Hölderlin drückt in diesen Worten seine Gewissheit aus, dass er die geliebte Frau wiedersehen wird. Der Tod führt nicht dazu, dass die Liebenden sich verlieren. Dagegen wehrt sich das ganze Wesen des Dichters. Er würde alles unternehmen, um diesem geliebten Menschen wiederzubegegnen. Aber dann kommt die stille Einsicht, dass sich die Geliebten bald finden werden, weil sie sich so gleich sind. Sie werden sich nicht erst finden, wenn auch der Dichter gestorben ist. Vielmehr wird die Trauer auch zu einer neuen Weise des Sich-Findens führen. Die Geliebte wird in seine Person integriert. Sie wird zur inneren Begleiterin, und sie wird zu einem Teil seines Herzens werden.

Es weht der Wind ein Blatt vom Baum,
von vielen Blättern eines.
Das eine Blatt, man merkt es kaum,
denn eines ist ja keines.
Doch dieses eine Blatt allein
War Teil von unserm Leben,
drum wird dies eine Blatt allein
uns immer, immer fehlen. (Hermann Hesse)

Hier wird die Trauer nicht vertröstet, sondern ernst genommen. Der Tod eines einzelnen Menschen bewegt die Welt kaum. Es sterben täglich so viele, ohne dass es die Welt wahrnimmt. Es fallen so viele Blätter vom Baum, dass das einzelne Blatt gar nicht beachtet wird. Aber der Verstorbene war das eine Blatt, das Teil von unserem Leben war. Und deshalb wird es uns immer fehlen. Das Dichterwort wehrt sich gegen alle Relativierungen, die raten, man solle sich doch mit dem Tod arrangieren. Der Verstorbene war Teil von unserem Leben. Und so wird er uns immer fehlen. Und dieses Fehlen können wir nicht rückgängig machen. Wir können es nur annehmen.

Und meine Seele spannte
weit ihre Flügel aus,
flog durch die stille Lande
als flöge sie nach Haus. (Joseph von Eichendorff)

Der romantische Dichter Eichendorff deutet hier das Geschehen des Todes. Nach außen ist der Tod oft ein Röcheln, ein Kampf mit dem Atem oder aber ein stilles Ent-schlafen. Manchmal tritt er auch gewaltsam ein. Doch all das ist das Äußere. Das Innere, das dahinter verborgen ist, ist die Seele, die im Tod ihre Flügel weit ausspannt. Im Tod fliegt sie durch stille Lande, also durch etwas, worü-ber wir nicht mehr sprechen können. Und sie fliegt nach Hause: dorthin, wo sich die Seele wie ein Vogel im Nest ausruhen kann, wo sie für immer zu Hause ist.

Wer im Gedächtnis seiner Lieben lebt, ist nicht tot.
Er ist nur fern.
Tot ist nur, wer vergessen wird. (Immanuel Kant)

Der Philosoph der Aufklärung, Immanuel Kant, gibt hier keinen spirituellen Trost. Er spricht nicht von der ewigen Heimat, die uns im Tod erwartet. Doch er mahnt uns, den Verstorbenen nicht zu vergessen. Wenn wir ihn nicht ver-gessen, dann lebt er in unserem Gedächtnis fort, dann ist er nicht wirklich tot für uns. Er ist uns nur fern. Tot ist nur der, den wir vergessen. Er ist für uns tot. Für Gott ist niemand tot. Denn er vergisst niemanden.

Je schöner und voller die Erinnerung, desto schwerer ist
die Trennung. Aber die Dankbarkeit verwandelt die
Erinnerung in eine stille Freude. (Dietrich Bonhoeffer)

Der evangelische Theologe und Widerstandskämpfer, der 1945 in Flossenbürg hingerichtet wurde, spricht hier von der Verwandlung der Trauer. Je schöner die Erinnerung an den Verstorbenen ist, desto schwerer fällt uns die Trennung. Nach dem Tod erinnern wir uns an alles, was wir mit dem Verstorbenen erlebt haben. Es ist eine schmerzliche Erinnerung, die uns immer wieder vor Augen hält, dass der Verstorbene nicht mehr da ist. Wir können uns nur an ihn erinnern. Aber zugleich drückt Bonhoeffer seine Hoffnung aus, dass die Dankbarkeit für den Verstorbenen unsere Erinnerung an ihn in eine stille Freude verwandelt. Trauer ist nicht nur Schmerz, sondern mitten in der Trauer gibt es auch eine stille Freude, die die Dankbarkeit in uns hervorruft.

Wir können das Leid nicht aus der Welt schaffen. Aber was wir tun können, ist dies: einander die Tränen trocknen. (Ruth Pfau)

Ruth Pfau, die Ärztin, die ihr Leben lang sich für die Armen, die Kranken und die behinderten Menschen in Pakistan eingesetzt hat, bekräftigt in diesem Wort das Leid, das uns der Tod eines lieben Menschen zufügt. Wir können dieses Leid nicht aus der Welt schaffen. Wir können auch die Trauer um das Leid nicht auflösen. Aber unsere Aufgabe ist es, einander die Tränen zu trocknen. Dieses Wort lädt die Hinterbliebenen ein, einander die Tränen zu trocknen. Dann wird die Trauer zu einer tiefen Erfahrung von Solidarität und von Liebe. Und wenn wir in Liebe einander die Tränen trocknen, erfahren wir mitten in der Trauer eine tiefe Dankbarkeit.

Neben den Dichtern sind es auch Theologen und Heilige, die gerne zitiert werden, wenn es um Tod und Trauer geht.

Der Tod ist das Tor zum Licht
am Ende eines mühsam gewordenen Weges.
(Franz von Assisi)

Der hl. Franz von Assisi hat sich am Ende seines Lebens nackt auf die Erde legen lassen. Er war krank und müde geworden in seinem Dienst, in dem er sich verausgabt hat. Der Weg war für ihn mühsam geworden. So hat er den Tod erwartet als Tor zum Licht. Seine Erfahrung kann auch heute Trauernden zum Trost werden. Der Verstorbene hat am Ende seines mühsam gewordenen Weges das Tor zum Licht durchschritten. Für ihn ist es gut. Hier wird nur das Geheimnis des Todes bedacht, nicht die Gefühle der Trauernden. Doch wenn ich den Tod des Menschen in einem anderen Licht sehen kann, werde ich auch meine Trauer leichter bewältigen.

Was ein Mensch an Gutem in die Welt hinausgibt,
geht nie verloren. (Albert Schweitzer)

Der Verstorbene ist für immer tot. Wir können ihn nicht mehr lebendig machen. Doch etwas an ihm geht nicht verloren. Das, was er an Worten gesagt hat, was er an Ausstrahlung hatte, was er als Werk vollbrachte, das bleibt. Allerdings wird auch so manches Werk relativiert. Manche Werke fallen nach dem Tod eines Menschen, der sie aufgebaut hat, wieder zusammen. Viele Worte und Bücher werden vergessen. Sie bleiben nur eine Zeitlang in der Erinnerung der Menschen, die den Verstorbenen gekannt haben. Davon allein kann man nicht leben. Irdischer Trost allein genügt nicht. Der Glaube an die Ewigkeit, in der der Verstorbene jetzt für immer aufgehoben ist und in die seine Worte und Werke eingegangen sind, wäre ein stärkerer Trost.

Die Dinge haben ihre Zeit und enden.
Du aber, o Herr, lebst
Und keine Vergänglichkeit rührt an Dich.
(Romano Guardini)

Romano Guardini schaut auf Gott, nicht auf den Trauernden. Aber indem er auf Gott schaut, der lebendig ist und an den keine Vergänglichkeit rührt, wird er auch in seiner Trauer getröstet. In unserer Trauer sollen wir nicht nur auf den Verstorbenen und auf unseren Schmerz über den Verlust schauen, sondern aufschauen zum ewigen Gott, aufschauen zu dem Gott, bei dem die Verstorbenen sind und nun teilhaben dürfen an Gottes Ewigkeit.

Und immer wieder beziehen sich Todesanzeigen auch auf Aussagen der Bibel, um die Trauer auszudrücken oder eine tröstende Antwort zu finden.

Nur zu Gott hin wird stille meine Seele.
Von ihm allein kommt mir Hilfe. (Ps 62,1)

Dieser Psalmvers wird im Zusammenhang einer Trauer-
anzeige als Bild für das verstanden, was der Verstorbene
erlebt: Er kommt in Gott zur Ruhe und findet in ihm das,
was er sein Leben lang gesucht hat. Da kommt sein unru-
higes Herz zur Ruhe, wie es Augustinus in seinem be-
rühmten Wort ausgedrückt hat. »Unruhig ist unser Herz,
bis es Ruhe findet bei dir.« Aber dieses Wort des Stillwer-
dens bei Gott gilt auch für den Trauernden. Die aufgewühlten Gefühle der Trauer kommen nicht nur zur Ruhe,
indem ich sie ständig analysiere oder darüber nachgrüble.
Ich werde mit meiner aufgewühlten trauernden Seele nur
in der Nähe Gottes still, nur wenn ich ihm mein Chaos
hinhalte. Dann kann ich in mir wahrnehmen, wie sich das
Unruhige in mir beruhigt und meine Seele still wird, so
wie ein Kind bei seiner Mutter, die es stillt. Ich bin mit
meiner Trauer und meinem Schmerz wie ein Kind, das
sich an die Brust der Mutter lehnt, um sich dort geborgen
zu fühlen.

Ich aber bleibe immer bei dir, du hältst mich an meiner
Rechten.
Du leitest mich nach deinem Ratschluss und nimmst mich
am Ende auf in Herrlichkeit. (Ps 73,23f.)

Im Psalm 73 wird die Überwindung des Todes ausgedrückt. Der Psalmist betet voller Vertrauen, dass Gott ihn

leiten wird, auch über den Tod hinaus. Der Tod lässt uns nicht aus der Hand Gottes fallen. Vielmehr leitet uns die Hand Gottes über die Schwelle des Todes. Wir bleiben auch im Tod in seiner Hand. Er nimmt uns an die Hand und führt uns hinein in seine Herrlichkeit. Nichts trennt uns von Gottes Liebe, auch der Tod nicht. Auch dieser Psalmvers wird als Deutung für den Tod gesehen, aber auch zugleich als Hilfe für die Trauernden. Auch die Trauernden dürfen vertrauen, dass Gott sie an seine Hand nimmt und durch alle Trauer hindurchführt zu seiner Herrlichkeit. Im Tod des Verstorbenen kann uns Gottes Herrlichkeit aufleuchten.

Was habe ich im Himmel außer dir? Neben dir erfreut mich nichts auf der Erde. Auch wenn mein Leib und mein Herz verschmachten, Gott ist der Fels meines Herzens und mein Anteil auf ewig. (Ps 73,26)

Die Verse stammen aus dem gleichen Psalm 73. Diese Worte nehmen Trauernde in den Mund, um mitten in ihrer Trauer einen Halt zu finden. Der Psalmist richtet die Worte an Gott. Er ist auch für den Trauernden der Fels, an den er sich mitten in seiner Trauer halten kann. Aber der Trauernde kann diese Worte auch auf den Verstorbenen hin sprechen. Der geliebte Mann, die geliebte Frau, das geliebte Kind ist ihm genommen worden. Er gesteht sich ein, dass er keine Freude mehr auf Erden findet. Aber zugleich wendet er sich an Gott. Und er vertraut, dass Gott ein fester Halt, sein Fels mitten in den turbulenten und chaotischen Gefühlen der Trauer. Auf ihn ist Verlass. Auch im Tod wird uns dieser Anteil nicht genommen.

Die den Herr lieb haben, sollen sein wie die Sonne, die aufgeht in ihrer Pracht. (Ri 5,31)

Es ist ein Trost für die Trauernden, wenn sie daran glauben können, dass der Verstorbene im Tod aufgeht wie die Sonne in ihrem Glanz. Sie haben erfahren, dass der Verstorbene Gott liebte aus ganzem Herzen und aus ganzer Seele. So dürfen sie jetzt darauf vertrauen, dass er nichts ins Dunkle entschwindet, sondern wie die Sonne aufgeht, dass er in Gott in seinem ursprünglichen Glanz erstrahlt. Und sie dürfen daran glauben, dass er auch ihnen in der Dunkelheit ihrer Trauer wie die Sonne leuchtet. Er wird ihre innere Nacht erhellen, wenn sie darauf vertrauen, dass er jetzt in seine wahre Gestalt hinein verwandelt worden ist und dass er jetzt mit dem ursprünglichen Licht auch für sie erstrahlen wird. Sie dürfen sich in seinem Licht sonnen, anstatt in der Trauer über seinen Tod zu vergehen.

Herr, Du kennst mein Herz. Bei dir bin ich geborgen. (Ps 139)

Im Tod werden wir Gott begegnen, wie er ist. Und wir werden in Gott die eigene Wahrheit erkennen. Diese Wahrheit wird für uns nicht angenehm sein. Doch der

Psalmvers drückt unser Vertrauen aus, dass Gott ja unser Herz kennt. Wir können ihm nichts vormachen. Wir brauchen vor ihm nichts verbergen. Wir sind so, wie wir sind, bei ihm geborgen, von seiner Hand gehalten. Wir dürfen uns im Tod in seine liebenden Hände bergen. Es ist ein Vers, den wir dem Verstorbenen in den Mund legen. Aber auch wir Trauernde können mit diesen Worten unser verwundetes Herz Gott hinhalten und in seiner Liebe uns bergen.

Auferstanden bin ich und bin nun immer bei dir.
Du legtest deine Hand auf mich.
Gar wunderbar ist deine Weisheit. (Ps 139,1f.)

Dieser Vers aus Psalm 139 wird am Ostersonntag als Introitus gesungen. Allerdings wird nur aus der lateinischen Übersetzung der Blick auf die Auferstehung Jesu deutlich: »Resurrexi et adhuc tecum sum. Posuisti super me manum tuam. Mirabilis facta est scientia tua.« Es ist schon eigenartig, dass die Liturgie diesen Vers nimmt, um das Ostergeheimnis auszudrücken. Der gregorianische Choral singt diesen Vers im sogenannten 4. Ton, der sonst bei Beerdigungen gesungen wurde. Da ist noch kein Osterjubel zu spüren. Unser früherer Kantor, P. Godehard Joppich, meinte einmal: »Dem Introitus von Ostern spürt man noch die Tränen des Karfreitags an.« In der bildhaften Sprache des Psalmes kann man den Glauben an die Auferstehung in einer ganz stillen und zugleich vertrauensvollen Weise ausdrücken. Diese Worte entsprechen auch der Stimmung der Trauer. Da kann man keine Jubellieder singen. Aber ganz verhalten drücken diese uralten Worte das Geheimnis aus, dass der Verstorbene mit Christus auferstanden ist und dass Gott seine Hand auf ihn gelegt hat. Wir können das nicht verstehen. Es ist zu wunderbar, darum zu wissen. Aber dennoch dürfen wir unsere Hoffnung auf die Auferstehung in diesen einfachen Worten ausdrücken. Sie überspringen die Trauer nicht, sie lassen die Tränen der Trauer zu. Und sprechen doch in diese Tränen hinein die hoffnungsvollen Worte, dass der Verstorbene jetzt in Gottes Hand ist und dass ihn nichts mehr beunruhigt. Vielmehr ist er auferstanden in seine wahre Gestalt hinein. Und wir sollen nicht zurückschauen auf die verdunkelte Gestalt, die wir erlebt haben, sondern auch die herrliche Gestalt sehen, in die Gott ihn verwandelt hat.

Denn wir haben hier keine Stadt, die bestehen bleibt, sondern wir suchen die künftige. (Hebr 13,14)

Dieser Vers aus dem Hebräerbrief verweist uns Trauernde auf die künftige Stadt, die wir suchen, auf das himmlische Jerusalem, das in den Kirchen der Frühzeit in der Apsis als Hoffnungs- und Sehnsuchtsbild dargestellt war. Dieses Bild hat die Christen damals daran erinnert, dass sie sich nicht in der irdischen Stadt einrichten sollen. Denn die irdische Stadt bleibt nicht bestehen. Sie ist vergänglich. Aber wir feiern den Gottesdienst im Blick auf die himmlische Stadt, die uns erwartet. Und dort erwartet uns, dass wir für immer daheim sind, dass wir mit all den Menschen, die wir geliebt haben und die uns geliebt haben, zusammen wohnen werden, gemeinsam mit Christus, der unser Licht sein wird.

Ihr habt nun Traurigkeit, aber ich werde euch wiedersehen und euer Herz wird sich freuen und eure Freude soll niemand von euch nehmen. (Joh 16,22)

Jesus richtet dieses Wort bei seinen Abschiedsreden an seine Jünger. Wie sie voller Trauer sind, dass Jesus von ihnen gehen wird, so sind es auch wir, weil der Verstorbene von uns gegangen ist. Doch Jesus vergleicht diese Trauer mit den Gefühlen einer Frau, die gebären soll: »Wenn die Frau gebären soll, ist sie bekümmert, weil ihre Stunde da ist; aber wenn sie das Kind geboren hat, denkt sie nicht mehr an ihre Not über der Freude, dass ein Mensch zur Welt gekommen ist.« (Joh 16,21) Die Trauer ist die Zeit vor der Geburt. Wir sollen das Bild der Geburt als Trost nehmen. Der Verstorbene wird geboren für das ewige Leben. Jetzt da diese Neugeburt stattfindet, sind wir voller Traurigkeit und Kummer. Aber wir dürfen vertrauen: Der Verstorbene wird in Gott neu geboren. Und dann kann auch in uns eine neue Geburt stattfinden. Wir kommen in Berührung mit unserem wahren Selbst. Wir werden gleichsam durch die Trauer neu geboren und finden so das einmalige und ursprüngliche Bild, das Gott sich von uns gemacht hat.

*Denn ich bin gewiss: Weder Tod noch Leben, weder Engel
noch Mächte, weder Gegenwärtiges noch Zukünftiges,
weder Gewalten der Höhe oder Tiefe noch irgendeine
andere Kreatur können uns scheiden von der Liebe
Gottes, die in Christus Jesus ist, unserem Herrn.* (Röm 8,38f.)

Mit diesen optimistischen Versen beschließt Paulus das 8.
Kapitel im Römerbrief. Diese Worte gelten als Traueran-
zeige sowohl für den Verstorbenen als auch für die Hinterbliebenen. Nichts kann den Verstorbenen von der
Liebe Gottes scheiden, auch der Tod nicht. Der führt ihn
sogar noch tiefer in Gottes Liebe hinein. Diese Worte gelten aber auch für die Trauernden. Sie haben den Eindruck,
dass sie hin- und hergezerrt werden durch irgendwelche
Emotionen oder durch Mächte, die ihnen bisher unbe-
kannt waren, durch Gefühle der Verzweiflung, der Angst,
der Trostlosigkeit und Dunkelheit. Doch all diese Gefühle
können den Trauernden nicht trennen von der Liebe Gottes, die uns in Jesus Christus aufleuchtet. So schenken
diese Worte des hl. Paulus dem Trauernden eine neue und
tiefe Hoffnung. Die Trauer hat ein Ziel: Die Erfahrung einer Liebe, die stärker ist als der Tod.

Er wird alle Tränen von ihren Augen abwischen:
Der Tod wird nicht mehr sein, keine Trauer, keine Klage,
keine Mühsal.
Denn was früher war, ist vergangen. (Off 21,4)

Auch dieses Wort aus dem letzten Buch des Neuen Testamentes ist ein Wort der Hoffnung. Jetzt sind wir Trauernde voller Tränen, weil der Tod eines lieben Menschen uns getroffen hat. Aber Gott selbst wird unsere Tränen abwischen. Er selbst wird unser Trost sein. Und er wird uns eine Zeit schenken, in der es keinen Tod und keine Trauer mehr geben wird. So richtet sich unser Blick nicht ständig in die Richtung der Vergangenheit, sondern nach vorne in die Zukunft, die Gott uns allen gewähren wird, eine Zukunft, in der es keine Tränen mehr geben wird, sondern nur noch das Einswerden mit dem Gott, der Licht und Liebe ist. Dann wird alles in uns erhellt sein. Das Dunkel der Trauer wird für immer vorüber sein.

Die Trauer macht uns sprachlos. Und viele Worte kommen uns hohl vor. Die Ermahnung, wir müssten den Tod des lieben Verstorbenen im Glauben bewältigen, hilft uns nicht weiter. Im Gegenteil, sie erzeugt oft Widerstand. Wir wollen uns nicht mit billigen Worten abspeisen lassen. Dennoch sehnen wir uns nach Worten, die für unsere Trauer angemessen sind und die Licht in das Dunkel unserer trauernden Seele zu bringen vermögen. Wir suchen bei Dichtern und Philosophen und in der Heiligen Schrift nach Worten, die uns Halt geben in unserer Haltlosigkeit, die einen Weg weisen in unserer Orientierungslosigkeit, die Licht bringen in unsere Dunkelheit.

Ich weiß nicht, ob alle, die eines der oben genannten Worte über ihre Traueranzeigen stellen, an diese Worte auch wirklich glauben. Vielleicht sprechen die Worte sie einfach auch nur an, und sie können gar nicht begründen, warum sie dieses Wort gewählt haben. Aber indem sie dieses Wort wählen, offenbaren sie doch die eigene Seele. Sie sind in ihrer Seele angesprochen von diesem Wort. Auch wenn sie diese Worte nicht ganz und gar unterschreiben können, drücken sie doch eine Sehnsucht aus, dass sie den Tod ihres Verstorbenen mit neuen Augen sehen und ihre Trauer überwinden können.

Als ich die Traueranzeigen gelesen und meditiert habe, ist mir aufgegangen, wie wichtig Worte in der Trauer sind. Offensichtlich sehnen sich die Menschen nach einem Zuspruch, der ihre Trauer anspricht und verwandelt. Daher ist es die Aufgabe von Menschen, die Trauernden beistehen, nach Worten zu suchen, die wirklich tragen. Die Worte sollen nicht vertrösten, sondern Trost spenden. Sie sollen Halt geben in der Haltlosigkeit. Und sie sollen die Hoffnung ausdrücken, dass die Trauer nicht das letzte Wort ist. Allerdings dürfen die Worte die Trauer nicht überspringen. Daher müssen sie sehr vorsichtig gewählt werden. Vorgeformte Worte, die wir in der Bibel oder bei Dichtern oder Philosophen lesen, sind da oft geeigneter als unsere persönlichen Worte, die allzu leicht den Charakter des Vertröstens annehmen können. Doch die vorgeformten Worte sind für uns Begleiter auch eine Herausforderung, nach Worten zu suchen, die wir selber den

Trauernden sagen können, ohne sie zu verletzen oder ihren Schmerz noch zu vertiefen. Die Suche nach Worten ist nicht nur etwas Oberflächliches. Sie fordert uns vielmehr heraus, über den Tod und unsere Trauer nachzudenken und eine angemessene Sprache zu finden. Wir sollen nach einer Sprache suchen, die unsere Trauer ausdrückt, aber auch nach Worten, die für den Trauernden wirklicher Trost sind und seine Trauer verwandeln. In einer so existentiellen Situation wie der Trauer sind wir sensibel und aufgeschlossen für Worte, die unsere Trauer verwandeln. Aber wir sind auch allergisch gegenüber Worten, die die Trauer überspringen oder verharmlosen wollen. Die Suche nach Worten, die uns in der Trauer tragen, ist entscheidend für den, der die Trauernden begleitet, aber auch für die Trauernden selbst. Auch sie sollen nach Worten suchen – von außen vorgeformt oder von innen her formuliert –, die angemessen ihre Trauer zum Ausdruck bringen und zugleich Trost in der Trauer sind.

Tröstende Menschen

Viele Menschen haben Angst, sich auf Trauernde einzulassen. Sie wissen nicht, was sie ihnen sagen sollen oder meinen, sie müssten ihnen fromme Worte sagen, die sie trösten. Oder sie überlassen, in der Annahme, sie müssten auf alle Fragen der Trauernden eine Antwort wissen, deren Begleitung lieber den Menschen, die dafür ausgebildet sind: den Seelsorgern und Therapeuten. Doch jeder von uns kann tröstende Menschen begleiten. Wie, das zeigt uns schon ein Blick auf die Worte, die wir im Deutschen und Lateinischen für Trost verwenden.

Trösten heißt nicht, dem anderen tröstende Worte zu sagen. Vor allem aber heißt es nicht, ihn mit frommen Worten zu vertrösten. Das deutsche Wort Trost kommt von Treue und bedeutet ursprünglich: Festigkeit. Trösten heißt also, dass ich beim anderen stehen bleibe. Ich halte seine Tränen, seine Verzweiflung, seine Anklagen, seine Sinnlosigkeit aus. Ich überspiele die Sinnlosigkeit nicht, indem ich sofort etwa mit biblischen Worten beweisen möchte, dass der Tod doch wohl einen Sinn haben werde. Trösten heißt, dass ich schweigend beim anderen aushalte, ohne mit irgendwelchen Worten etwas zu beschwichtigen oder zuzudecken. Die Freunde des Hiob haben sieben Tage schweigend bei ihrem Freund ausgehalten, ohne ein Wort zu sprechen. Doch als sie anfingen zu sprechen, wurden sie seiner Trauer nicht gerecht. Die Geschichte der Freunde des Hiob will auch uns einladen, erst einmal schweigend beim Trauernden auszuharren.

Wenn ich es schweigend in der Verzweiflung und Trauer des anderen aushalte, dann kann ich ihn einladen, einfach zu erzählen. Ich muss gar nichts sagen. Ich brauche nur zuzuhören. Ich halte aus, was der andere erzählt. Indem ich nicht bewerte, einfach durch mein Zuhören ermögliche ich es ihm, noch mehr zu erzählen, was ihm vom Verstorbenen einfällt, aber auch all das zu sagen, was er an Hoffnungslosigkeit und Sinnlosigkeit spürt. Das deutsche Wort »Trauern« kommt von »matt werden, schwach werden, keinen Boden unter den Füßen haben«. Wer in der Trauer den Boden unter den Füßen verliert, sehnt sich nach einem, der ihm beisteht und ihm durch sein eigenes Stehen wieder Stehvermögen vermittelt und Festigkeit verleiht. Und trauern heißt ursprünglich: den Kopf sinken lassen und die Augen niederschlagen. Es drückt also die typische Trauergebärde aus. In einer solchen Situation braucht es jemanden, der einen ermutigt, aufzublicken und dem Tod und dem Schmerz über den Tod ins Auge zu sehen. Es braucht den Trost, der mich aufrichtet und den Mut schenkt, meinen Kopf zu heben und trotz aller Schmerzen aufrecht durch das Leben zu gehen.

Wenn ich Trost so verstehe, dann ist es für mich auf der einen Seite eine Entlastung. Ich muss nicht irgendwelche Worte oder Erklärungen für den Tod finden. Ich muss auch keine tröstenden Worte sagen. Es genügt, wenn ich beim anderen ausharre und ihn in seiner Trauer aushalte. Ein solches Verständnis von Trost ist freilich auch eine Herausforderung. Ich muss mir verbieten, die Verzweiflung des anderen durch Worte zu verharmlosen oder die Sinnlosigkeit zu überspielen, indem ich sofort nach einem Sinn suche. Viktor Frankl, der jüdische Therapeut, rät zwar, die Trauer dadurch zu überwinden, dass wir dem Verlust eines lieben Menschen einen Sinn abringen. Doch Wilhelm Butollo, ein Schüler Frankls, warnt davor, einen Trauernden quasi mit einer Sinnkeule zu erschlagen. In der tiefsten Trauer ist er noch gar nicht fähig, über einen Sinn nachzudenken. Da kommt ihm erst einmal alles sinnlos vor. Und diese Sinnlosigkeit muss ich als Tröstender aushalten. Nur wenn ich sie wirklich aushalte, können wir irgendwann einmal gemeinsam nach einem Sinn fragen. Der Tod eines Kindes hat in sich keinen Sinn. Einem solchen sinnlosen Tod einen Sinn abzuringen – wie Viktor Frankl das will – das kann nicht sofort in der Trauer geschehen. Dazu braucht es zuerst einen inneren Abstand. Erst im Abstand kann ich überlegen, wie ich auf den Tod meines Kindes reagieren möchte. Ich kann ihm möglicherweise einen Sinn abringen, indem ich selbst sensibler werde für andere Menschen, die von einem Schicksalsschlag niedergestreckt sind.

Die Bibel zeigt uns, wie falscher Trost den Menschen eher verletzt, als ihn aufzubauen. Als Hiob voller Trauer ist über den Verlust seiner Söhne und Töchter, halten seine Freunde immerhin sieben Tage lang seine Trauer aus, ohne sie ihm auszureden. Aber als sie zu sprechen beginnen, kommen sie nicht los von dem, was sie in der Schule über Gott und Gottes Gerechtigkeit gelernt haben. Sie bleiben bei ihrer Deutung: Wenn jemand solches Leid getroffen hat, dann muss er gesündigt haben, dann muss er letztlich selbst daran schuld sein. Hiob wehrt sich und wirft seinen Tröstern vor: »Ähnliches habe ich schon viel gehört; leidige Tröster seid ihr alle. Sind nun zu Ende die windigen Worte, oder was sonst reizt dich zum Widerspruch? Auch ich könnte reden wie ihr, wenn ihr an meiner Stelle wäret, schöne Worte über euch machen und meinen Kopf über euch schütteln.« (Hi 16,2-4) Wer trösten will, muss sich jeder Deutung enthalten. Es steht mir nicht zu, das Leid des anderen zu kommentieren oder zu deuten oder nach den Ursachen zu fragen. Vor allem aber steht es mir nicht zu, dem andern zu vermitteln, dass er selbst am Leid schuld sei. Das ist nicht Trost, sondern Anklage. Dagegen wehrt sich Hiob zu Recht.

Das lateinische Wort für Tröster ist »consolator«. Es ist zusammengesetzt aus con = mit und solus = allein. Der Tröster ist der, der den Mut hat, mit dem Einsamen zu sein, der in seine Einsamkeit hineingeht. Trauernde fühlen sich oft allein gelassen. Sie sehnen sich nach einem, der es wagt, in ihre Einsamkeit hineinzugehen und bei ihnen zu bleiben. Wir haben oft Angst, in die Einsamkeit und Verlassenheit, in die Verzweiflung und Hoffnungslosigkeit eines trauernden Menschen hineinzugehen. Aber gerade darin besteht der Trost. Die christliche Tradition hat die Tröstung der Trauernden als ein wichtiges Werk der Barmherzigkeit verstanden.

Tröstungen, die Gott uns schenkt

Thomas von Aquin hat uns sieben Tröstungen aufgezeigt, die uns in unserem Schmerz trösten können: die Lust, die Tränen, das Mitleid der Freunde, die Schau der Wahrheit, das Schlafen, ein Bad nehmen und das Gebet. Der Trauernde braucht die Gemeinschaft von Menschen, die ihn verstehen, mit denen er nicht nur über die Trauer sprechen kann, sondern auch über das, was ihn im Innersten bewegt. Inzwischen gibt es viele Selbsthilfegruppen für Trauernde, etwa für verwaiste Eltern oder für Menschen, die vom Suizid eines nahen Verwandten betroffen sind. Solche Gruppen sind ein echter Trost, weil sie Trauer nicht zudecken. Im Gegenteil, sie schaffen einen Raum, in dem der Trauernde seine Trauer zeigen kann, ohne dass sie bewertet wird. Er braucht da keine Angst zu haben, dass seine Trauer sofort pathologisiert wird, wenn etwa jemand sagt: »Nach einem halben Jahr müsstest du doch schon hinweg sein über die Trauer. Pass auf, dass deine Trauer nicht zur Trauerkrankheit wird.« Solche Bewertungen kann der Trauernde gar nicht brauchen. Was er braucht, ist ein Raum, in dem er mit seiner Trauer sein darf. Es gibt auch schon Ferienreisen für Trauernde. Sie haben einen anderen Sinn als der Rat, den manche Bekannte dem Trauernden geben: »Gönn dir mal eine Reise, dann sieht alles anders aus.« Die Ferienreisen nur für Trauernde sind keine Flucht vor der Trauer, sondern ein Weg, in Gemeinschaft mit anderen Menschen, die Ähnliches erfahren haben, durch bewusstes Wahrnehmen der Schönheit von Landschaften und Städten die Trauer zu verwandeln. Die Trauer darf sein auf solchen Reisen. Sie wird auch immer wieder durchbrechen, gerade dann, wenn man mit dem Verstorbenen früher ähnliche Reisen gemacht hat. Solche Angebote wollen den Trauernden einladen, sich selbst etwas zu gönnen. Ich erlebe immer wieder Trauernde, die mitten in ihrer Trauer eine tiefe Freude empfinden, sie sich aber dann sofort wieder verbieten: Ich habe doch ein Kind verloren. Ich darf mich gar nicht freuen. Wir sollen unsere Trauer nicht verdrängen, aber wir sollten Ausschau halten nach dem, was uns gut tut.

Thomas von Aquin nennt auch den Schlaf und das Bad Tröstungen, die der Seele in ihrem Schmerz guttun. Trauernde sind oft kraftlos. Da sollten sie ihre Kraftlosigkeit bewusst wahrnehmen und sich den Schlaf gönnen, in dem sie manches Bittere vergessen können. Doch nicht jeder

Trauernde kann gut schlafen. Oft schläft er nicht ein, weil er ständig um seine Trauer kreist. Doch dieses Kreisen macht auch müde. Und so wäre es angebracht, diese Müdigkeit bewusst zu genießen. Ich sage mir dann: Ich brauche jetzt gar nichts zu leisten. Ich muss jetzt mein Leben nicht meistern. Ich gönne mir einfach, mich hinzulegen und die Schwere zu spüren. Aber in dieser Schwere bin ich gehalten und getragen von Gottes liebenden Armen. Und ich darf mir auch ein Bad gönnen. Ich lege mich in die Badewanne, mische ätherische Öle in das Wasser und genieße das Lösende und Wärmende des Wassers. Ich stelle mir vor, wie das gut duftende Wasser meine Trauer, die sich in meinem Leib festgesetzt hat, auflöst und in mir eine angenehme Stimmung erzeugt. Ich fliehe dann nicht vor meiner Trauer. Aber ich gönne mir mitten in meiner Trauer etwas, das mir gut tut.

Auch das Gebet kann nach Thomas von Aquin ein Trost sein, und das auch in ganz verschiedenen Formen: Für manchen Trauernden ist es ein Trost, sich mit seinem Schmerz in eine Kirche zu setzen und einfach zur vor Gott dazusitzen. Dieses Hinhalten wandelt oft schon die Trauer. Andere machen eine Wallfahrt, gehen also auf einen Pilgerweg, auf dem sie manches, was sie bedrückt, loslassen können. Sie kommen dann am Wallfahrtsort an und fühlen sich dort getragen vom Gebet anderer. Oft sind es Marienwallfahrtsorte, die immer etwas Tröstendes an sich haben. Maria verweist auf den mütterlichen Gott, und sich in der Wallfahrtskirche vor das Gnadenbild Mariens zu setzen kann eine tröstliche Erfahrung werden. Da sind sie nicht allein. Für viele ist im Bild der Pietà – Maria, die ihren toten Sohn Jesus auf dem Schoß hält – auch der eigene Schmerz aufgehoben. Vor diesem Bild fühlen sie sich verstanden und nicht mehr allein. Da ist eine Mutter, die diesen Schmerz kennt und die daher zur Trösterin werden kann.

5. Die Begleitung Trauernder

Trauernde brauchen Begleitung, nicht nur die Begleitung durch professionelle Begleiter, sondern auch durch Freunde. Die Freunde sollen sich nicht unter Druck setzen, als ob sie besonders gut begleiten müssten. Es genügt, wenn sie einfach da sind. Sie sollen ihre Begleitung nicht aufdrängen, sondern dem Trauernden vermitteln: »Wenn Du es brauchst, rufe mich an, ich bin immer da für dich.« Manchmal trauen sich die Trauernden dann nicht, dieses Angebot aktiv anzunehmen. Dann wäre es gut, von Zeit zu Zeit selbst mal anzurufen, zu fragen, wie es geht, und den Trauernden einzuladen, ob er mal einen Spaziergang mit einem machen möchte.

Die Begleitung Sterbender

Bevor ich über die Begleitung der Trauernden spreche, möchte ich ein paar Gedanken sagen über die Begleitung Sterbender. Die Hospizbewegung hat sich zur Aufgabe gestellt, Sterbende zu begleiten. Damit leistet sie einen wichtigen Beitrag, um den Sterbenden einen würdigen Tod zu ermöglichen. In der Sterbebegleitung geht es darum, genau hinzuhören, was der Sterbende mir sagen möchte. Oft spricht der Sterbende in Bildern: etwa im

Bild einer Reise, die er antreten möchte, oder im Bild des Reinigens. Er hat den Eindruck, er müsse sein Leben in Ordnung bringen, alles Getrübte reinigen. Die große Aufgabe des Sterbens ist, sich mit seinem eigenen Leben und mit den Menschen auszusöhnen. Manche können nicht sterben, weil sie mit engen Verwandten noch nicht versöhnt sind. Begleitung heißt: dem Sterbenden in seiner Sehnsucht nach Versöhnung beizustehen. Im Sterben müssen manche Prozesse nachgeholt werden, die wir im Leben übersprungen haben: unsere eigene Wahrheit Gott hinzuhalten, unser Ego loszulassen, unseren Besitz, unsere Macht loszulassen. Wir sollen dem Sterbenden nichts einreden. Doch wir sollen genau hinhören, was ihn bewegt, und sollen ihm einen Raum schaffen, in dem er über all das sprechen kann, was er bisher immer verdrängt hat.

Oft sind gerade jene Menschen die besten Sterbebegleiter, die selbst einen Tod zu beklagen haben. So ging es etwa auch Christiane zu Salm, einer im Mediengeschäft sehr aktiven Managerin, die sich zur Sterbebegleiterin ausbilden ließ. Ihr persönlicher Hintergrund: Sie war sechs Jahre alt, als ihr kleiner Bruder bei einem Unfall vor ihren Augen starb. Und auf dem Hintergrund dieser Erfahrung möchte sie nun den Sterbenden und den Angehörigen ermöglichen, in einer guten Weise Abschied zu nehmen. In einem Interview bezeichnete sie das als ihre Motivation und wichtigste Erfahrung, die sie als Sterbebegleiterin gemacht hat: dem Sterbenden »Raum zu geben, um zu sich selbst und mit sich ins Reine zu kommen, manchmal auch dadurch, dass man selbst einfach nur schweigend bei ihm sitzt«.

Wenn wir Sterbende begleiten, sollen wir ihnen die Möglichkeit geben, auf gute Weise Abschied zu nehmen von ihren Angehörigen. Wir sollen sie ermutigen, den Angehörigen nochmals Worte zu sagen, die sie ihnen mit auf den Weg geben möchten, Worte des Segens oder Worte der Liebe oder der Weisung für ihren Weg. Im Deutschen gibt es einen Ausdruck für Sterben: »Das Zeitliche segnen.« Das ist ein schönes Bild. Der Sterbende soll die segnen, die noch in der Zeit sind und bleiben. Und er soll durch seinen Tod für die Menschen, die noch in der Zeit leben, ein Segen sein. Oft verpassen Sterbende die Gelegenheit, sich von den Menschen zu verabschieden. Genauso wichtig ist es aber auch, dass die Angehörigen dem Sterbenden die Worte sagen, die sie sich während des Lebens nicht getraut haben, zu sagen: Worte des Dankes für das, was er für sie bedeutet, Worte der Liebe, Worte, die das zum Ausdruck bringen, was sie vom Sterbenden gelernt und empfangen und wie sie ihn erlebt haben.

Auf gute Weise Abschied voneinander zu nehmen, das ist das Idealbild für die Begleitung Sterbender. Aber in der Realität gelingt diese Weise oft nicht. Der Todkranke möchte nichts vom Sterben wissen. Wenn der Begleiter ihn vorsichtig darauf hinweist, dass es zu Ende gehen könnte, möchte er das nicht hören. Oder wenn man mit ihm gemeinsam überlegen möchte, wie er die Angelegenheiten in der Familie oder mit dem Geld regeln möchte, dann lässt er sich nicht darauf ein. Wir müssen als Begleiter akzeptieren, wie der Kranke reagiert. Manche wollen sich nicht bewusst mit dem Tod auseinandersetzen. Sie wenden alle ihre Kraft auf und setzen alle Hoffnung ein, um gesund zu werden und noch weiterzuleben. Das sollen wir respektieren. Wir können den anderen nicht dazu drängen, über seinen Tod zu sprechen. Wenn er nicht darüber sprechen möchte – aus welchen Gründen auch immer –, sollten wir das so annehmen, wieder ohne es zu bewerten. Vielleicht hat er Angst, sich dem Tod zu stellen. Vielleicht kämpft er mit aller Kraft, um gesund zu werden und hat daher keine Energie, sich dem Gedanken des Sterbens zu stellen. Wir können aber trotzdem von ihm Abschied nehmen, auch ohne von seinem Tod zu sprechen, wenn wir etwa bei jedem Besuch unseren Dank sagen für das, was der Kranke uns bedeutet. Wir sagen ihm Worte der Liebe. Wir erzählen uns gegenseitig, was uns wichtig war an den gemeinsamen Begegnungen und Gesprächen. Wir halten ihm die Hand. Wir lassen ihn spüren, wie gern wir ihn haben und wie sehr wir ihn schätzen. Dann haben wir ein gutes Gefühl, wenn der andere stirbt. Wir haben Abschied genommen, auch wenn wir den Tod nicht ausdrücklich thematisiert haben. Und wir dürfen darauf vertrauen, dass unsere intimen Worte den anderen in der Tiefe seiner Seele berühren und dass sie auch in ihm eine Auseinandersetzung mit dem eigenen Sterben auslösen, auch wenn er darüber nicht sprechen kann oder nicht sprechen will.

Wir finden oft nicht den geeigneten Augenblick, um in guter Weise vom Sterben zu sprechen. In der chinesischen Tradition gilt es sogar als unangemessen, wenn die Kinder mit ihren Eltern über deren Tod sprechen. Das vermittelt den Eltern den Eindruck, dass die Kinder sie loshaben wollen, dass sie auf ihren Tod warten. Es ist also wichtig, immer auch die kulturelle Tradition zu beachten. Trotzdem kann ich als Kind den Eltern natürlich gerade in der letzten Phase ihres Lebens meine besondere Wertschätzung ausdrücklich zeigen. Vielleicht spüren die Eltern aus meinen Worten heraus, dass es mit ihrer Krankheit zu Ende gehen wird. Ich spreche es nicht bewusst an, sondern sage ihnen nur Worte, die ich sonst bisher nicht gesagt habe. Die Eltern spüren dann, wie ich sie liebevoll begleite. Das ist eine Einladung an sie, auch Abschied zu nehmen und vielleicht über den Tod zu sprechen. Aber wenn sie es nicht möchten, dann akzeptiere ich das. Ich soll weder mich selbst noch die Sterbenden unter Druck setzen, bewusst zu sterben oder bewusst Abschied zu nehmen. Wenn ich jemand begleite, ist es nie zu spät, Abschied zu nehmen. Und wenn der Abschied bei der Begleitung nicht genügend gelingt, dann kann ich ihn auch nach dem Tod eines geliebten Menschen nachholen. Ich vertraue darauf, dass der andere auf die ihm angemessene Weise gestorben ist. Vielleicht brauchte er die Bewusstlosigkeit, um auf dem Grund seiner Seele allein mit Gott den Abschied vom Leben zu vollziehen und wäre überfordert gewesen, darüber mit seiner Familie zu sprechen. Jedes Sterben ist ein Geheimnis. Und ich soll jedem sein Geheimnis lassen und vertrauen, dass Gott ihn auf diese Weise in seine unendliche Liebe aufgenommen hat.

Wir begleiten, wenn wir Christen sind, nicht nur gläubige Menschen, sondern auch Menschen, die mit dem Glauben nichts zu tun haben. Manche fühlen sich dann gedrängt, diese Menschen für den Glauben zu gewinnen. Doch wir müssen die Sterbenden nicht bekehren, dürfen ihnen aber unsere christliche Hoffnung mitteilen, dass wir glauben, dass sie im Tod dem Gott der Liebe begegnen werden. Und wir können ihnen wünschen, dass sie sich in diese Liebe Gottes hinein ergeben werden. Bei Vorträgen, die ich in Hongkong und Taiwan über Trauer und Trauerbegleitung gehalten habe, erzählten mir Menschen, dass sie ihre Eltern oder Angehörigen im Sterben begleiten, die keine Christen sind. Für mich haben Christen auch in einer nichtchristlichen Umgebung die Aufgabe, Hoffnung zu verbreiten. Durch unseren Glauben an die Auferstehung können wir auch Menschen, die nicht glauben, die Hoffnung vermitteln, dass sie im Tod nicht in die Leere hineinsterben, sondern in die Liebe Gottes. Wenn sie sich dann in diese Liebe Gottes hinein ergeben, sind sie für immer in Gott geborgen. Wir Christen glauben gleichsam stellvertretend für die Nichtglaubenden. Und im Sterben dürfen wir ihnen die Hoffnung vermitteln, dass sie im Tod Gott begegnen werden, auch wenn sie im Leben nicht an ihn geglaubt haben, aus welchen Gründen auch immer. Karl Rahner spricht vom »anonymen Christen« und meint damit: In jedem Menschen ist die Ahnung von einem Gott, der Mensch wird, der uns mit einem menschlichen Antlitz begegnet. Und im Tod werden diese Menschen, auch wenn sie keine Christen sind, Christus begegnen als dem, der ihre unbewusste Sehnsucht erfüllt. Und dann wird Wirklichkeit, was Jesus von sich selbst sagt: »Ich bin der Weg und die Wahrheit und das Leben. Niemand kommt zum Vater außer durch mich.« (Joh 14,6) Im Tod wird Christus für den, der sich ihm ergibt, zu dem, der ihn zum Vater führt.

Die Begleitung Trauernder

Wie wir Trauernde begleiten sollen, das schildert uns Lukas in seiner wunderbaren Erzählung von den Emmausjüngern. Die beiden Jünger fliehen vor ihrer Trauer. Aber immerhin sprechen sie noch darüber. Sie sprechen über ihre enttäuschte Hoffnung. Jesus gesellt sich zu ihnen, und er hört einfach zu, was sie erzählen. Er stellt Fragen, damit sie noch genauer erklären, was der Grund ihrer Trauer ist. Er geht mit auf ihrem Weg und versucht dann das, was die Trauernden erzählen, mit den Worten der Heiligen Schrift in Verbindung zu bringen. Er deutet ihnen das, was sie erlebt haben, im Licht der Heiligen Schrift. Den beiden Trauernden tut es gut, sie fühlen sich verstanden. Als sie das Dorf erreichten, zu dem die Jünger unterwegs waren, tat Jesus, »als wolle er weitergehen. Sie aber drängten ihn und sagten: Bleib doch bei uns; denn es wird bald Abend, der Tag hat sich schon geneigt. Da ging er mit hinein, um bei ihnen zu bleiben.« (Lk 24,28f.) Jesus begleitet die Trauernden und geht in ihre Trauer und ihre Dunkelheit hinein. Er belehrt sie nicht, sondern er bleibt bei ihnen und hält mit ihnen Mahl. »Und als er mit ihnen bei Tisch war, nahm er das Brot, sprach den Lobpreis, brach das Brot und gab es ihnen. Da gingen ihnen die Augen auf, und sie erkannten ihn.« (Lk 24,30f.) Im Ritual des Brotbrechens deutet Jesus den Trauernden das, was sie erlebt haben. Im Brotbrechen drückt er aus, dass ihre Hoffnungen zerbrochen worden sind, ihre Vorstellungen vom Leben. Aber zugleich drückt er damit aus, dass er selbst ja auch am Kreuz zerbrochen wurde. Und jetzt ist er da als der, der ihnen das gebrochene Brot reicht. Durch den Tod ist der Verstorbene gebrochen worden, aber er ist auch aufgebrochen für uns. Er kann uns in unserer Trauer zum Brot werden, das uns nährt. Manchmal erkennen wir mitten im Gespräch auf einmal, was uns der Verstorbene geschenkt hat und jetzt schenkt, da er zu Gott aufgebrochen ist. Aber es ist immer nur ein kurzes Aufleuchten dieser Erkenntnis. Dann geht es uns wie den Emmausjüngern: »Dann sahen sie ihn nicht mehr.« (Lk 24,31) Als Begleiter sollen wir die Trauernden nicht belehren, sondern ihr Herz berühren. Vielleicht können die Trauernden dann von unseren Gesprächen auch sagen: »Brannte uns nicht das Herz in der Brust, als er unterwegs mit uns sprach?« (Lk 24,32)

Die Mitarbeiter im Hospiz begleiten die Sterbenden und dann auch die Trauernden, die sie schon während des Sterbeprozesses kennengelernt haben. Aber es gibt auch viele Trauernde, die einen plötzlichen Tod eines lieben Menschen betrauern. Sie sind auf ihre Trauer nicht vorbereitet worden. Sie werden von einem Augenblick auf den anderen mit dem Tod eines lieben Menschen konfrontiert. Umso heftiger überfällt sie oft die Trauer. Manchmal ist die Trauer wie eine Art Schockerlebnis, oder wie ein Trauma, das sie gar nicht einordnen können in ihr Leben. Gerade diese Menschen brauchen eine gute Trauerbegleitung. Sie brauchen einen Menschen wie Jesus, der ihnen zuhört, der mit ihnen geht, der bei ihnen bleibt und mit ihnen das Brot bricht.

In der Trauerbegleitung geht es darum, dem Trauernden einen Raum anzubieten, in dem er seine Trauer ausdrücken kann. Dabei braucht es ein Gespür für die je eigene Art der Menschen, mit der Trauer umzugehen. Entscheidend ist die Ermutigung der Trauernden, ihrer Trauer Ausdruck zu verleihen und sich nicht ihrer Emotionen zu schämen. Viele Menschen ziehen sich immer mehr auf sich selbst zurück. Sie haben Angst, ihre Trauer zu zeigen, weil sie sich verletzt fühlen, wenn der andere ihre Trauer meidet oder nicht ernst nimmt. Wir spüren in unserer Gesellschaft nicht nur die Verdrängung des Todes, sondern noch mehr die Verdrängung der Trauer. Trauer ist etwas Unangenehmes. Man meidet die Trauernden aus Angst, von ihrer Trauer angesteckt zu werden.

In der Begleitung sollen wir einfach nur zuhören, die Klage anhören, die Tränen mit ansehen und aushalten. Der Trauernde hat das Bedürfnis immer wieder zu erzählen. Er möchte erzählen, was er mit dem Verstorbenen erlebt hat, was er ihm bedeutet hat. Er möchte schöne Erfahrungen erzählen und er möchte das Sterben beschreiben. Dabei bricht immer wieder der Schmerz durch. Und manchmal eben auch die Wut, dass Gott den Verstorbenen nicht vor dem Tod bewahrt hat, dass der Arzt ihn nicht gerettet hat. Man muss das Sterben nochmals erzählen, um es auf diese Weise zu bewältigen. Der Begleiter soll einfach nur zuhören, manchmal nachfragen, aber nie versuchen, diese schwere Erfahrung zuzudecken.

Oft verlieren Trauernde ihr Selbstwertgefühl. Sie haben keinen Boden unter den Füßen. Sie wissen nicht mehr, wer sie sind, worauf sie ihr Leben bauen können. In einer solchen Situation hat der Trauerbegleiter die Aufgabe, den Trauernden neues Selbstwertgefühl zu vermitteln. Sie sind wertvoll, wenn sie sich ihrer Trauer stellen. Es bedeutet

Mut, durch die Trauer hindurchzugehen. Jesus hat die selig gepriesen, die trauern, die den Mut haben, ihren Schmerz zu zeigen, anstatt ihn zu verdrängen. Verdrängte Trauer wird sich immer in seelischen und körperlichen Problemen ausdrücken. Wenn sie aber zugelassen wird, stärkt sie uns.

Es ist gut, wenn der Begleiter um die Phasen des Trauerns weiß. So darf er in der Phase der heftigen Emotionen nicht nach dem Sinn fragen. Das wäre nicht nur zu früh, es würde auch den Trauernden verletzen. Er kann auch nicht nach der Botschaft des Verstorbenen fragen. Er soll vielmehr nach dem Leben fragen, nach dem Sterben, nach den Gefühlen beim Sterben, beim Abschiednehmen, bei der Beerdigung. Erst allmählich kann er fragen: »Was brauchen Sie jetzt für Ihren Weg? Was hilft Ihnen weiter? Wonach sehnen Sie sich?« Und dann kann man empfehlen, sich noch intensiver mit dem Verstorbenen zu beschäftigen, seine Bücher zu lesen, seine Lieblingsmusik zu hören. Und dann kann man darüber sprechen oder nach Träumen fragen oder nach Erfahrungen, die man bei der Beerdigung oder in der Zeit danach gemacht hat.

Jorgos Canacakis rät dem Trauerbegleiter, bei seiner Begleitung auf drei Fragen zu achten: 1. Wem gilt die Trauer? Ist es wirklich der neulich Verstorbene oder ist es ein verstorbenes Kind oder ein längst Verstorbener, den man damals nicht betrauert hat? 2. Wer genau ist derjenige, der traurig ist? »Ist es wirklich der anwesende Erwachsene, der seinen akuten Verlust beklagt? Ist er es, den dieser Verlust traurig macht; er, der Erwachsene, oder ist es ein Teil von ihm aus vergangenen Zeiten? Ist es der aktuell Betroffene oder das alleingelassene Kind von einst, das nach Zuwendung sucht?« (Canacakis 72) 3. Für welche Situation und welchen Zeitpunkt gilt die Trauer? Canacakis meint, das Beachten dieser drei Fragen sei wichtig, damit wir nicht in fruchtloses Jammern verfallen, sondern in ein heilsames Klagen. »Der Unterschied ist wichtig, weil Jammern natürlicherweise die einzige Ausdrucksmöglichkeit eines Kindes ist, das nicht aufhören darf, bis Erwachsene kommen und seine Bedürfnisse befriedigen. Deshalb haben diejenigen, die ins Jammern geraten, Schwierigkeiten aufzuhören, ihr Schicksal in die Hand zu nehmen und selbst für ihre Bedürfnisse zu sorgen.« (Ebd. 73f.)

Trauerbegleiter sollen etwas von der Psychologie der Trauer verstehen. Aber eine seelsorgliche Trauerbegleitung bleibt nicht bei der Psychologie stehen. Sie versucht, wie Jesus mit den Emmausjüngern, das, was sie vom Trauernden hören, immer mit dem eigenen Glauben zu konfrontieren. Trauernde stellen den Glauben in Frage. Denn durch den Tod eines lieben Menschen wird der Glaube an den guten Gott erst einmal erschüttert. Wir sollen diese Erschütterung zulassen und auch unseren eigenen Glauben davon in Frage stellen lassen. Es geht nicht darum, billige Antworten zu geben, nach dem Muster, dass Gott schon weiß, was er tut. Religiöse Antworten, die die Trauer nicht ernst nehmen, verletzen den Trauernden. Aber es geht darum, wie Jesus die Aussagen des Trauernden mit der Botschaft der Heiligen Schrift in Verbindung zu bringen. Da können manchmal Psalmen helfen, die man mit dem Trauernden gemeinsam betet. Sie decken die

Trauer nicht zu, sondern geben ihr Ausdruck, etwa Psalm 88, in dem es heißt: »Über mich fuhr dahin die Glut deines Zornes, deine Schrecken machen mich stumm. Sie umfluten mich alle Tage wie Wasser, ringsum kreisen sie mich ein. Du hast mir entfremdet Gefährten und Freunde, mein Vertrauter ist nur noch die Finsternis.« (Ps 88,17-19)

Manchmal berichten die Trauernden von eigenartigen Erlebnissen. Da flog etwa während der Beerdigung ein Schmetterling nur um die trauernde Familie. Er war für die Betroffenen wie ein Bote des Verstorbenen: eine Botschaft, den Tod leichter zu nehmen. Oder ein Ingenieur erzählte mir vom Tod seiner dreijährigen Tochter, die von einem Auto tödlich verletzt worden war. Er als nüchterner Mensch wagte gar nicht, über seine Erfahrung mit anderen zu sprechen, weil die ihn für verrückt hätten halten können. Am Beerdigungstag seiner Tochter war nämlich ihre Lieblingsrose aufgeblüht, zu einer Zeit, in der normalerweise Rosen überhaupt nicht blühen. Für ihn war das ein Zeichen, das ihm seine Tochter gegeben hat: »Ich denke an Euch in Liebe. Ich bin bei Euch. Seid nicht traurig. Ich schicke Euch diese schöne Rose.« Eine ältere Frau erzählte nach dem Tod ihres Mannes, dass sie in ihrem Garten immer wieder einer Amsel begegnete. Sie war fest davon überzeugt: Das war ihr Mann, der ihr damit Nähe zusprechen wollte, der in ihre Trauer die süße Melodie der Amsel hineinströmen ließ. Man kann solche Dinge nicht beweisen und muss darin auch kein Wunder sehen. Aber wir dürfen solchen Zeichen trauen: Die Verstorbenen sind nicht einfach weg, sondern begleiten uns in hilfreicher und oft genug in zärtlicher und liebevoller Weise.

Ein Mitbruder erzählte mir: Sein Vater war im Krieg gefallen und seine Mutter wohnte mit den Kindern in einem Haus in Freiburg. Im November 1944 wurde die Stadt Freiburg bombardiert und die Mutter versuchte, mit ihren Kindern aus den Trümmern des Hauses zu fliehen. Auf einmal hörte sie die deutliche Stimme ihres verstorbenen Mannes, der ihr zurief: »Halt!« Sie hielt inne und sah, dass vor ihr ein Abgrund war. Die Stimme des verstorbenen Mannes hat sie davor bewahrt, mit ihren Kindern in den Abgrund zu stürzen. Es gibt solche Zeichen, die uns Verstorbene geben. Sie sind kein Beweis, aber wir dürfen sie dankbar annehmen als Zeichen ihrer helfenden Gegenwart. Trauernde brauchen Ohren, die solche Erzählungen anhören, ohne sie zu entwerten und sie brauchen Bestätigung, dass sie solchen Erfahrungen trauen dürfen.

Eine andere Frau, die fünf Kinder durch Totgeburt verloren hat, erzählte mir, dass sie als Malerin eine besondere Fähigkeit entwickelt habe, sich schwierigen Kindern zu widmen und sie im Malen in Berührung zu bringen mit ihren eigenen Fähigkeiten. Sie hat den Eindruck, dass ihre fünf verstorbenen Kinder für sie zu Engeln geworden sind, die sie befähigen, sich in besonderer Weise schwierigen Kindern zu widmen.

Mir hat auch eine Frau geschrieben, dass ihr mein Buch, das ich für Trauernde geschrieben habe »Bis wir uns im Himmel wiedersehen« zum lebensrettenden Helfer geworden ist. Ihr Mann war ihr plötzlich durch Herzinfarkt entrissen worden, und sie hatte keine Kraft mehr zu leben, weil die Trauer sie niederdrückte. In dieser für sie so schweren Zeit hatte sie das Buch auf dem Nachttischschränkchen und sie las jeden Abend, wenn sie ins Bett gegangen ist, in dem Buch, immer wieder die gleichen Stellen. Sie brauchte gerade in ihrer Situation die Ansprache, das Verständnis für ihre Trauer, das Ernstnehmen der Gefühle. Dieses Verstandenwerden erfährt der Trauernde ja oft in seiner Umgebung nicht. Da kann also auch ein Buch, in dem er sich verstanden und angenommen fühlt, eine gute Weise sein, den Trauernden zu begleiten. Es kann also hilfreich sein, ihm ein Buch zu schenken, in dem er sich in seiner Trauer gesehen und angenommen weiß. Wem ein Buch zuviel ist, dem kann man eine Trauerkarte schenken. Man kann dem Trauernden die Karte schenken, von der man denkt, dass sie seine Situation am besten trifft. Man kann aber auch den Trauernden eine Karte unter den verschiedenen Trauerkarten ziehen lassen. Dann hat er das Gefühl, dass er genau die Karte gezogen hat, die er jetzt für sich braucht. Dabei ist es gut, dass der Trauernde den Text auf der Karte in Anwesenheit des Trauerbegleiters – und vielleicht anderer Angehöriger – laut vorliest. Dann ist es nicht nur einfach eine Karte, sondern ein Wort, das er sich selbst laut vorliest und zuspricht und das auch von anderen gehört wird. Das Hören auf die Worte, die der Trauernde vorliest, schafft Zusammengehörigkeit. Auf einmal entsteht Gemeinschaft mitten in der Trauer.

6. Begleitung durch Rituale

Eine gute Weise, Trauernde zu begleiten, sind die Rituale, die der Begleiter mit dem Trauernden bespricht oder zu denen er ihm rät. Es gibt kaum einen Tod, der nicht durch offizielle Rituale verarbeitet wird. Die Kirche feiert ein Requiem für den Verstorbenen. Und dann gibt es die kirchliche Beerdigung auf dem Friedhof mit ihren festen Ritualen. Es ist gut, diese Rituale mit den Trauernden gut zu besprechen und den Sinn der Rituale zu erläutern. Die Rituale wollen die Trauer nicht zudecken, sondern verwandeln. In der Religionspsychologie spricht von man »rites de passage«, von Übergangsriten. Sie haben die Aufgabe, den Übergang des Verstorbenen von der irdischen Welt zur himmlischen Welt darzustellen. Aber sie haben auch die Aufgabe, die Trennung vom Verstorbenen und zugleich die Verbindung zu ihm darzustellen.

Manche Menschen verstehen die Rituale so – so habe ich es z.B. in der naturreligiösen oder buddhistischen Volksfrömmigkeit in Taiwan erlebt –, dass der Verstorbene beruhigt wird, damit er uns nicht schadet. Es soll ihm gut gehen in der jenseitigen Welt. Und er soll zufriedengestellt werden, dass er uns nicht als Gespenst verfolgt und allerlei Unglück über uns bringt. Für uns Christen haben die Rituale eine andere Bedeutung. Wir brauchen nicht dafür zu sorgen, dass es dem Verstorbenen gut geht.

Wir dürfen vertrauen, dass Gott den Verstorbenen in seine Liebe hinein aufnimmt. Dann ist er im Frieden mit sich selbst und mit Gott. Dann wird er uns nicht schaden. Für uns haben die Rituale die Aufgabe, unsere Trauer zum Ausdruck zu bringen und sie zugleich zu verwandeln. Sie sind für *uns* gut, *wir* brauchen die Rituale. Der Verstorbene braucht sie nicht, denn er ist in Gottes guten Händen. Aber wir brauchen die Rituale, um daran glauben zu können, dass der Verstorbene bei Gott ist und dass er uns von Gott her zum Segen wird.

Eine Form des Rituals ist das Gebet für den Verstorbenen. Unmittelbar nach dem Tod ist es für viele Angehörige ein Bedürfnis, am Sterbebett zu beten. Sie beten Psalmen oder den Rosenkranz. Sie erinnern sich dabei, wie der Verstorbene etwa das Vaterunser gebetet hat. Und so begleiten sie den Verstorbenen im Gebet, damit der Übergang gut gelingt, dass er sich in der Begegnung mit Gott in die Liebe Gottes hinein loslässt. In vielen Gegenden ist es üblich, am Tag vor der Beerdigung einen Sterberosenkranz zu beten. Die Verwandten und Freunde kommen in der Kirche zusammen, um gemeinsam für den Verstorbenen zu beten. Das Gebet für den Verstorbenen ist Ausdruck unserer Liebe zu ihm. Wir beten für ihn, dass seine Begegnung mit Gott gelingt, dass er sich in die Liebe Gottes hinein ergibt. Und so sind auch die Rituale unmittelbar nach dem Tod – einschließlich der Beerdigung – ein Abschiednehmen vom Verstorbenen. Wir können nicht nur in Gedanken Abschied nehmen. Wir haben das Bedürfnis, ein Abschiedsfest zu feiern. Das Ritual der kirchlichen Beerdigung ist ein solches Abschiedsfest. Wir sollten es so gestalten, dass es für uns und für den Verstorbenen stimmt.

Die Rituale drücken nicht nur unsere Liebe zum Verstorbenen aus, sondern geben unserer Trauer eine Struktur. Die Trauer stürzt uns in ein emotionales Chaos. Die Rituale bringen eine Form in unsere Trauer. Indem wir etwas tun, kann sich die Trauer wandeln. Auch die Rituale haben ihr eigenes Zeitmaß. Sie berücksichtigen die Verwandlung der Trauer durch die Zeit. In der christlichen Tradition beten wir 40 Tage für den Verstorbenen. Dann wandelt sich unser Gebet. Es wird zu einem Gedenken an den Verstorbenen. Im Gebet erfahren wir die Gemeinschaft mit ihm und wir können ihn bitten, dass er bei Gott für uns eintritt und uns von Gott her begleitet und für uns zum Segen wird. Und so ist es üblich, sechs Wochen nach dem Tod eine Eucharistie für den Verstorbenen zu feiern, das sogenannte Sechswochenamt. Es schließt die erste Phase der Trauer ab. In dieser Eucharistiefeier erleben wir die Gemeinschaft mit dem Verstorbenen. Wir schließen ihn nicht aus unserem Leben aus, sondern integrieren ihn.

Rituale sind nicht nur allgemeiner, sondern immer konkreter Ausdruck der Liebe zu einem bestimmten Verstorbenen. Wir sollen den Trauernden Mut machen, dass sie ihre ganz persönliche Art und Weise entwickeln dürfen, um ihre Trauer auszudrücken. Das kann sich darin zeigen, wie sie den Sarg gestalten, wie sie die Trauerfeier planen und durchführen, wie sie im Kreis ihrer Familie Abschied nehmen wollen vom Verstorbenen, um der Einmaligkeit dieses Verstorbenen durch ihre Trauer und ihre Abschiedsfeier gerecht werden zu können. In die Abschiedsfeier können sie all ihre Liebe zum Verstorbenen hineinlegen. Deshalb soll man diese Abschiedsfeier gemeinsam mit den Hinterbliebenen gut und liebevoll vorbereiten.

Als meine Mutter gestorben ist, habe ich mit meinen Geschwistern darüber gesprochen, wie wir den Gottesdienst für die Mutter gestalten können. Meine Geschwister erzählten, welche Lieder meine Mutter gerne gesungen hat. Sie hatte die Lieder in der Werktagsmesse immer angestimmt und oft auch daheim manche Lieder vor der Arbeit vor sich her gesummt. So haben wir ihre Lieblingslieder ausgesucht. In der Einführung zum Gottesdienst habe ich das dann auch gesagt: »Wir singen jetzt die Lieder, mit denen meine Mutter ihren Glauben ausgedrückt hat, Lieder, die ihr geholfen haben, in Fröhlichkeit zu ertragen, was ihr als Leid zugemutet wurde.«

In unserem Konvent haben wir das Ritual, dass wir am Abend des Beerdigungstages eine Erzählrunde machen. Wer will, erzählt von seinen Erfahrungen und Eindrücken mit dem verstorbenen Mitbruder. Das ist eine Würdigung des Mitbruders, aber es tut auch der Gemeinschaft gut. Ein anderes Ritual: 30 Tage lang brennt eine Kerze am Platz des Verstorbenen im Speisesaal. Und 30 Tage lang beten wir in der Mittagshore eine Fürbitte für ihn. So wird der Verstorbene nicht vergessen. Beim Abendessen werden jeweils die Verstorbenen unseres Klosters verlesen, deren Jahrestag ist. Dabei gedenken wir der Verstorbenen, wie sie die Chronik des Klosters seit dem Jahre 1100 uns überliefert hat. So werden wir jedes Jahr an verstorbene Mitbrüder erinnert. Sie leben weiter in unserem Gedächtnis. Dabei gibt es im Kreuzgang einen Ort, an dem die

Verstorbenen des jeweiligen Tages aufgeschrieben sind und deren Sterbebilder beigefügt sind. Indem wir die Bilder anschauen, werden die Verstorbenen für uns wieder präsent. Sie gehören zu uns. Wir leben aus den Wurzeln, die sie für uns darstellen.

Wir können den Trauernden auch Rituale empfehlen. Wenn ich Trauerkurse halte, gebe ich den Teilnehmern die Aufgabe, an den Verstorbenen einen Brief zu schreiben. In diesem Brief soll der Trauernde alle seine Gefühle zum Ausdruck bringen, den Dank für das gemeinsame Leben, die Bitte um Vergebung. Und er kann all das hineinschreiben, was er während seines Lebens gerne gesagt hätte und doch nicht gesagt hat. Nach 20 Minuten soll er dann auch einen Brief des Verstorbenen an sich selbst schreiben. Manche meinen, das seien doch ihre Gedanken, die sie schreiben. Ich antworte dann: »Natürlich schreiben Sie den Brief. Aber vertrauen Sie darauf, dass Sie Worte schreiben, die aus einer Tiefe kommen, die Sie sonst im Alltag nicht erreichen.« Bei einem dieser Kurse war unter den Teilnehmern eine Frau, deren Mutter vor einem halben Jahr gestorben war. Sie hatte eine schlechte Beziehung zur Mutter und fühlte sich immer noch von ihr verletzt und abgelehnt. Als diese Frau den Brief der Mutter an sich selbst schrieb, staunte sie, als sie auf einmal die Worte geschrieben hatte: »Du sollst aber wissen, dass ich dich immer geliebt habe.« Diese Worte haben die Frau mit ihrer Mutter versöhnt. Sie hat auf einmal auch sie verstanden in ihrer Hilflosigkeit, ihre Liebe zur Tochter angemessen zeigen zu können.

Beim Kurs für verwaiste Eltern lasse ich in der ersten

Gesprächsrunde jeden erzählen: »Woran ist mein Kind gestorben? Wie alt war es? Wann ist es gestorben?« Wenn alle Eltern vom Tod ihrer Kinder erzählen, gibt es viele Tränen. Und im Raum ist eine Atmosphäre großer Traurigkeit. Dann beende ich die Erzählrunde mit dem Ritual des Tränenkrugs. Ich hebe einen Krug mit Wasser hoch. Es sind die Tränen, die ich um mein Kind geweint habe und immer noch weine. Ich halte sie Gott hin, damit er meine Tränen der Trauer verwandle in Tränen, die mein Leben befruchten, die Neues in mir aufblühen lassen und die mich reinigen von allen Trübungen in meiner Trauer und mich befreien von allem Festklammern am Verstorbenen. Ich halte meine Tränen schweigend Gott hin, mit der Bitte, dass er sie verwandle. Dann trete ich mit dem Tränenkrug vor meinen Nachbarn und überreiche ihm den Krug, den er dann schweigend Gott hinhält und dem Nächsten weitergibt. Wenn der Krug von allen Gott hingehalten worden ist, verwandelt sich die Stimmung im Raum. Auf einmal ist eine Ahnung von Trost spürbar. Ein solches Ritual wirkt tiefer als fromme Worte.

Die Rituale werden jeweils anders sein, je nachdem wie die Trauersituation ist, ob etwa alte Eltern gestorben sind oder aber der Ehepartner in der Blüte seines Lebens, ob jemand plötzlich und unerwartet gestorben ist oder nach längerer Krankheit, es wird anders sein, wenn Geschwister oder Kinder sterben, ein alter Mensch oder ein junger, und auch je nachdem, ob der Tod gewaltsam kam, durch einen tragischen Unfall oder nach langem Leiden oder ob er friedlich zu einem »lebenssatten« Menschen kam. Manchmal geben die Menschen auch noch zu ihren Lebzeiten an, welches Ritual bei oder nach ihrem Tod gefeiert werden soll. Als mein Onkel, P. Sturmius Grün, 1966 starb, erfüllten meine Mitbrüder seine Bitte, am Grab das Osterhalleluja zu singen. Als P. Augustin, unser langjähriger Organist, starb, spielte P. Rhaban von Johann Sebastian Bach die Fuge, die sich der verstorbene Mitbruder gewünscht hatte. Andere geben einen Text an, der bei ihrer Beerdigung vorgelesen wird. Manche haben selbst einen Text geschrieben, den die Angehörigen vorlesen sollen. Bei einer Beerdigung wurde das Lied vorgespielt, das der Verstorbene selbst einmal gesungen und auf CD aufgenommen hatte. Es berührte die Menschen tief. Sie spürten, als sie die Stimme des Verstorbenen hörten, auf einmal, was er ihnen durch seine Lieder vermitteln wollte und was sie oft genug kaum beachtet hatten.

Ich möchte im Folgenden nur einige Rituale in gesonderten Situationen beschreiben:

Rituale beim Tod eines Kindes

Der Sohn unseres früheren Buchhändlers starb mit 20 Jahren bei einem Autounfall. Der Vater lud mit mir auch die Freunde und Freundinnen seines Sohnes ein, um am Abend vor der Beerdigung zu erzählen, was ihnen an Dominik wichtig war, was er leben wollte, woran sie sich erinnerten. Der Vater meinte, die Beerdigung sei das letzte Abschiedsfest für seinen Sohn, und er wolle, dass es stimmig gefeiert werde. Trotz des großen Schmerzes hatte der Vater das Bedürfnis, zum Abschluss des Gottesdienstes

»Großer Gott, wir loben dich« zu singen. Wir feierten die Eucharistie nicht in der großen Abteikirche, sondern in der Krypta. Die Erwachsenen nahmen in den Bänken Platz, die Jugendlichen setzten sich auf den Boden. So entstand eine intime Atmosphäre. Die Jugendlichen trugen ihre Fürbitten vor und spielten das Lieblingslied von Dominik. Sie hatten auch ein Kreuz gezimmert, das sie dann am Unfallsort aufstellten.

Nicht immer ist die Familie nach dem Tod eines Kindes fähig, die Beerdigung durch eigene Rituale zu gestalten. Sie soll sich auch nicht unter Druck setzen. Manchmal aber findet die Familie später zu Ritualen, die ihrer Trauer um das Kind entsprechen. Sie stellen – ähnlich wie wir Mönche es tun – 30 Tage lang eine Kerze an seinen Platz am Essenstisch. Und während der Mahlzeit zünden sie die Kerze an. Oder sie laden die Geschwister des verstorbenen Kindes ein, ihrer Trauer Ausdruck zu geben, etwas zu malen oder zu basteln und es in den Sarg zu legen oder ins Grab zu werfen.

Ein Pfarrer erzählte mir von einem tragischen Unfall auf dem Bauernhof. Der Vater fuhr mit dem Traktor rückwärts und übersah den vierjährigen Sohn. Der Tod des Sohnes erfüllte vor allem den Vater mit tiefen Schuldgefühlen. Bei der Mutter kamen trotz allen Bemühens immer wieder auch Gedanken hoch, in denen sie ihrem Mann vorwarf, dass er nicht richtig aufgepasst habe. Der Pfarrer hielt am Jahrestag des tragischen Unfalls auf dem Hof jeweils eine Eucharistiefeier. Er schilderte, wie diese Eucharistiefeier all die unterdrückten Vorwürfe und Schuldgefühle immer wieder verwandelte und den Sohn in die Familie integrierte. Er wurde nicht totgeschwiegen, sondern als Mitglied der Familie lebendig gehalten. Man dachte nicht mehr mit Schuldgefühlen an ihn, sondern er war gegenwärtig als ein Kind, das für immer die Eltern mit seinem Lächeln beschenkt hat.

Rituale beim Tod eines Elternteiles

Zu den weit verbreiteten Ritualen gehört ja auch der Leichenschmaus. Manchmal entartet dieser Leichenschmaus, vor allem dann, wenn zuviel Alkohol getrunken wird. Aber man kann den Leichenschmaus bewusst gestalten, indem jeder eingeladen wird, etwas zu erzählen, was ihm zum Verstorbenen einfällt. Oder die Kinder bringen ein Bild des Verstorbenen mit und stellen es auf den Tisch. Oder aber sie bringen ein Symbol mit, das für den Verstorbenen wichtig war oder das sein Wesen zum Ausdruck bringt. Und bevor das Mahl beginnt, kann man dieses Symbol erklären. Dann ist der Vater oder die Mutter im Raum auf ihre Weise präsent.

Natürlich gehört es zum Ritual der Hinterbliebenen, dass sie das Grab der Eltern besuchen und pflegen. Indem sie wöchentlich auf den Friedhof gehen, die Blumen gießen und das Unkraut herausreißen, drücken sie ihre Liebe zu den verstorbenen Eltern aus. Eine Frau erzählte mir, dass sie nach dem Tod ihrer Mutter nicht trauern konnte, weil zu viele Verletzungen ihr Herz mit Bitterkeit erfüllten. Doch nach einem Jahr, in dem sie ihre Beziehung zur Mutter bearbeitet hatte, ging sie zum Friedhof, gestaltete das Grab völlig neu, stellte eine Kerze auf und zündete sie an. Das war für sie ein Ritual der Versöhnung mit ihrer Mutter. Ab diesem Zeitpunkt ging es ihr selbst besser. Sie war versöhnt mit ihrer Mutter, und jetzt konnte sie wirklich trauern. Sie konnte die Mutter loslassen und zugleich dankbar an das zurückdenken, was sie an guten Wurzeln ihr verdankte.

Rituale bei Suizid

Oft wird der Suizid eines nahen Verwandten verschwiegen. Man hat Angst, von dem Verstorbenen zu sprechen. Denn dann tauchen sofort Schuldgefühle auf. Gerade dann wäre es wichtig, den Verstorbenen durch ein Ritual in die Gemeinschaft der Familie zu integrieren. Er gehört zur Familie. Seine Geschichte ist mit der Geschichte der Familie verbunden. Junge Menschen gingen jedes Jahr zum Jahrestag des Suizids eines Freundes an die Brücke, von der er sich herabgestürzt hatte, und stellten dort Blumen auf. Und sie erzählten, was dieser Freund für sie bedeutet hat. Eine Familie pflanzte einen Baum für die Tochter, die Suizid begangen hatte. So war die Tochter in der Familie präsent, aber nicht als Vorwurf, sondern als Symbol des Lebens. Das, was sie nicht leben konnte, weil sie zu sensibel war, das blüht jetzt in diesem Baum auf. Der Baum wächst, so wie die Tochter auch gewachsen wäre. Es ist kein Symbol, das in die Vergangenheit weist, sondern das Zukunft eröffnet.

Rituale bei Abtreibung

Frauen, die ein Kind abgetrieben haben, leiden oft unter Schuldgefühlen. In der Situation konnten sie sich oft nicht anders entscheiden. Sie wurden vom Mann oder von der Familie dazu gedrängt. Doch später machen sie sich Schuldgefühle. Wenn solche Frauen zu mir kommen, rate ich ihnen immer zu einem Ritual. Zum einen sollten sie dem Kind einen Namen geben. Dann sollten sie an das Kind einen Brief schreiben und vom Kind her an sich selbst einen Brief verfassen. Und sie sollten sich vorstellen, dass ein Teil von ihnen schon bei Gott ist. Das abgetriebene Kind ist durch den Tod zur Vollendung gelangt. Auch wenn es nicht leben konnte, hat sich das Wesen des Kindes erfüllt, als die Seele sich vom Leib trennte. Da wurde das Kind dieses einmalige Bild Gottes. Dann sollte die Mutter ein Zeichen für das Kind in ihrer Wohnung aufstellen: entweder ein Bild eines Kindes mit dem Namen, den sie ihm gegeben hat, oder aber einen Baum pflanzen oder eine schöne Blume. Die Blume oder der Baum erinnert die Frau daran, dass etwas, das in ihrem Mutterschoß gewachsen ist, jetzt vollendet ist und Frucht bringt für die Familie. Das abgetriebene Kind ist bei Gott im Frieden. Es macht der Mutter keinen Vorwurf. Es ist wie ein Engel, der die Mutter begleitet und sie darauf hinweist, dass ein Teil von ihr schon jenseits der Schwelle ist. So relativiert es die alltäglichen Probleme der Mutter. Das Kind öffnet ihr den Himmel über sich.

7. Rituale für Kinder

Vor zwölf Jahren musste ich einen Kurs über Trauer-rituale für Kinder halten. Der Kurs fand statt, weil kurz zuvor bei einem Unglück in Kaprun in Österreich viele Kinder umgekommen waren. Im Gespräch mit den Erzie-herinnen und Lehrern, aber auch durch das Studium von Büchern, wurde mir bewusst, wie wichtig für Kinder die Rituale der Trauer sind. Kinder sind oft überfordert mit der Trauer. In den Ritualen sind die Kinder selber aktiv: Sie malen ein Gemälde. Sie schreiben einen Brief an den Verstorbenen. Sie verzieren eine Kerze. Dann werfen sie ihr Bild oder ihren Brief in das Grab hinein. Oder sie basteln etwas, was sie mit dem Opa oder der Oma verbin-den, und werfen das in das Grab. Kinder müssen etwas tun, damit sich ihre Trauer verwandelt. Sie können die Trauer nicht rein gedanklich oder emotional bewältigen. Ein Gefühlsstau in ihnen wäre aber problematisch, denn der führt entweder dazu, dass sie gerade das Gegenteil zeigen, dass sie z.B. am Grab herumkaspern. Oder aber dass sie sich verschließen.

Ein Beispiel, wie ein Kind seine Trauer durch ein Ritual verwandelt: Mein Vater starb plötzlich an einem Samstag-abend beim Essen. Mein Bruder kam mit seinen Kindern dazu. Seine Tochter Johanna mit fünf Jahren schrie vor Schmerz auf. Sie hatte eine gute Beziehung zu ihrem Opa.

Am nächsten Tag – einem Sonntag – ging Johanna zu meiner Mutter und sagte ihr: »Oma, ich gehe jetzt mit dir in die Kirche, da du keinen Opa mehr hast.« Indem sie anstelle des Opas meine Mutter begleitete, verwandelte sich ihre Trauer. Ihre Trauer floss in ein neues Verhalten hinein. Das tat ihr gut und meiner Mutter.

In der Trauer fühlt sich das Kind allein. Das Ritual gibt ihm Anschluss an die Gemeinschaft. Es bekommt eine neue Rolle in der Gemeinschaft und fühlt sich so auf neue Weise aufgehoben. Die Trauerrituale der Kinder zeigen verschiedene Aspekte: Da gibt es Abschiedsrituale, die es dem Kind ermöglichen, Abschied vom verstorbenen Menschen zu nehmen. Dann gibt es Entlastungsrituale, die dem Kind helfen, mit seinen Schuldgefühlen umzugehen. Es gibt Erinnerungsrituale, die es dem Kind ermöglichen, den Kontakt mit dem Verstorbenen aufrechtzuerhalten. Indem sie z.B. mit einem Gegenstand des Verstorbenen spielen, versetzen sie sich in ihn, nehmen ihn wahr, erfahren ihn als inneren Begleiter. Und es gibt die Rituale, die dem Kind unmittelbar helfen, die Trauer und den Schmerz zu verarbeiten. Alle diese Aspekte sind oft zugleich präsent, wenn das Kind ein Trauerritual feiert.

Ich möchte einige Rituale beschreiben, die für Kinder hilfreich sind.

Teilnahme an der Beerdigung

Kinder werden oft von der Beerdigung ferngehalten. Doch damit nimmt man dem Kind die Möglichkeit, Abschied vom Verstorbenen zu nehmen. Das Kind soll jedoch freiwillig an der Beerdigung teilnehmen. Wenn es Widerstand leistet, ist der ernst zu nehmen. Denn dann schützt sich das Kind vor einer Trauer, die es jetzt zu diesem Zeitpunkt überfordern würde. Man sollte dem Kind sagen, was es bei der Beerdigung erwartet. Man kann mit ihm über den Ablauf der Feier sprechen und das Kind auf die Rituale vorbereiten und sie ihm erklären. Das Kind braucht eine Bezugsperson bei der Beerdigung und oft auch körperliche Nähe. Wenn es Fragen hat, soll man sofort antworten und nicht meinen, das würde die Feier stören. Wichtig wäre auch, das Kind einzuladen, bei der Beerdigung auf seine Weise Abschied zu nehmen. Ein Kind, das mit seinem Vater gerne Drachen steigen ließ, nahm den Drachen mit zur Beerdigung und warf ihn in den Sarg. Das war sein Ritual, vom Vater Abschied zu nehmen. So ein Abschiedsritual entlastet das Kind. Es gibt ihm das Gefühl, seine Liebe ausdrücken zu können. Eine andere Möglichkeit, den eigenen Abschied in die Beerdigungsfeier einzubringen, wäre: den Sarg des verstorbenen Vaters, der verstorbenen Mutter zu bemalen. Oder selbstgemalte Bilder mitzubringen und sie in das Grab zu werfen. Eine Kindergartengruppe bemalte 100 Luftballons, um sie beim Begräbnis des vierjährigen Lukas in den Himmel steigen zu lassen. Lisa schrieb einen Abschiedsbrief an ihren Großvater, steckte ihn in ein Kuvert und legte ihn in den Sarg.

Rituale in der Trauerzeit

Für Kinder ist es wichtig, das Grab eines verstorbenen Menschen zu besuchen. Es ist ein wichtiger Ort der Erinnerung. Die Trauer braucht einen Ort, an dem sie sich ausdrücken kann. Wichtig ist, dass das Kind das Grab auf seine persönliche Weise gestalten kann, dass es selber die Blumen pflanzt und pflegt, dass es Gegenstände mitbringt, die ihm wichtig sind, Gegenstände, die an den Toten erinnern oder mit denen das Kind seinen Glauben an die Auferstehung ausdrückt. Es kann Bilder der Auferstehung auf das Grab legen. Aber wenn das Kind nicht gerne zum Friedhof gehen möchte, soll man es nicht drängen. Dann zeigt es, dass es damit überfordert wäre.

Kinder sollen Fotos vom verstorbenen Menschen aufstellen oder Bilder von ihm malen und in ihr Kinderzimmer hängen. Sie können diese Bilder schmücken oder selbst einen Rahmen dafür basteln. Kerzen sind immer ein schönes Trauerritual. Man zündet für den anderen eine Kerze an, um für ihn zu beten. Man kann auch die Vorstellung vermitteln: Solange die Kerze brennt, geht das Gebet zum Himmel. Die Kerze kann aber auch Bild sein für den Verstorbenen, dessen Licht jetzt im Himmel leuchtet und zu uns herabscheint.

Die Gestaltung der gemeinsamen Feiertage ist wichtig, etwa die Feier des ersten Weihnachtsfestes ohne den verstorbenen Bruder, die Feier von Ostern, die Feier des Geburtstages oder Namenstages des Verstorbenen. Das Kind könnte ein Weihnachtsgeschenk für den Verstorbenen aussuchen oder etwas malen oder eine Kerze für den Verstorbenen basteln und sie unter dem Christbaum anzünden, als Zeichen, dass er auch mitfeiert. Ein Austausch und Gespräch über den Verstorbenen kann guttun: »Wie feiert er jetzt das Fest im Himmel? Was fehlt uns? Was hat er immer beigetragen zum Fest? Wie hat er sich gefreut?« Erinnerungen werden ausgetauscht. Das Kind kann auch ein Gedicht oder Gebet für den Verstorbenen schreiben und es vorlesen.

An den Geburtstagen oder Namenstagen kann das Kind ins Freie gehen, um Blumen zu pflücken, einen Strauß für den Verstorbenen zu machen. Gehen und Sich-Bewegen sind immer gute Weisen, die eigene Trauer zu verarbeiten. Ein gutes Trauerritual wäre auch, einen Baum im Garten zu pflanzen, etwa einen Mutterbaum, wenn die Mutter gestorben ist. Der Baum wird die Erinnerung an den verstorbenen Menschen immer wachhalten. Unter diesem Baum kann man singen und tanzen und spielen. Kinder gehen zu dem Baum auch, um ihre Wut, ihren Schmerz, ihre Einsamkeit auszudrücken. Sie haben einen Ort für ihre Trauer. Jahrestage und Geburtstage des Verstorbenen können dann zu einem Baumfest werden.

Erinnerungsrituale

Als Erinnerungsritual dient Kindern vor allem das Spielen. Sie spielen die Spiele, die sie mit dem Verstorbenen gespielt haben, nun mit anderen Kindern oder mit dem überlebenden Elternteil. Spielen ist eine Weise, die Erinnerung aufrechtzuerhalten und zugleich Abschied zu nehmen. Oder die Kinder spielen mit den Spielsachen des verstorbenen Bruders oder mit Gegenständen der verstorbenen Großmutter. Sie beschäftigen sich mit dem Gegenstand und entwickeln ihre eigenen Spiele. Kinder sind kreativ und agieren in ihren eigenen Spielen die Trauer aus, aber zugleich spielen sie die Beziehung zum anderen. Alles, was im erwachsenen Trauerprozess geschieht: Abschied, Schmerz, Trauer, Wut, und dann schließlich eine neue Kontaktaufnahme, damit der Verstorbene zu einem inneren Begleiter wird, das agieren Kinder in ihrem Spiel aus.

Eine andere Möglichkeit wäre, bewusst etwas zu tun, was der Verstorbene getan hat. Auch das ist eine Weise der Verinnerlichung. Der Junge entdeckt, dass er die gleichen Fähigkeiten hat wie die Großmutter, dass er genauso gut Blumen stecken kann oder genauso gut das Feld umgraben kann wie die Großmutter. Er übernimmt einen Teil von ihr und bleibt auf diese Weise mit ihr in Verbindung.

Entlastungsrituale

Rituale haben für Kinder den Sinn, Entlastung von Schmerz und von Schuldgefühlen zu erfahren. Auch Kinder leiden unter Schuldgefühlen. Deshalb brauchen sie Entlastungsrituale, damit sie sich nicht in ihren Schuldgefühlen vergraben. Zur Entlastung dient auch, wenn sie dem Verstorbenen etwas schenken, wenn sie etwas aufs Grab legen, das ihnen lieb und teuer ist. Das ist Ausdruck der Liebe und befreit sie von dem Schuldgefühl, dass sie mit dem verstorbenen Bruder so oft gestritten haben.

8. Die Aufgabe des Bestattungsunternehmens

Es gibt Bestattungsunternehmen, die ihre Aufgabe rein geschäftsmäßig abwickeln. Doch in den letzten Jahren ist im Umfeld von Tod und Trauer eine neue Kultur erwachsen. Ein großes Verdienst hat dabei Fritz Roth, der in Bergisch-Gladbach ein Bestattungsunternehmen gegründet und dabei eine eigene Philosophie entwickelt hat. Er gab seinem Unternehmen das Motto: »Der Trauer eine Heimat geben«. Fritz Roth ist Ende Dezember 2012 an seiner Krebserkrankung gestorben. Er hat das, was er anderen predigte, in seinem eigenen Tod verwirklicht: nichts zu verheimlichen, sondern über die Krankheit und den nahenden Tod offen zu sprechen. Was er entwickelt hat, hat auch viele andere Bestattungsunternehmen angeregt, über ihre Bestattungskultur nachzudenken und Formen zu entwickeln, die auf die Bedürfnisse der Hinterbliebenen und Trauernden eingehen.

Die Aufgabe des Bestattungsunternehmers ist es, nicht nur die Fragen der Beerdigung zu regeln, sondern schon vor dem Tod mit den Menschen über Bestattungsvorsorge zu sprechen. Sie sollen besprechen, was wäre, wenn ein lieber Mensch stirbt. Woran muss man denken? Was wird zu tun sein? Wenn man sich mit diesen Fragen schon vor dem Tod Gedanken gemacht hat, ist es leichter, dann im Sterbefall klarer an die Fragen der Bestattung und der

Trauerbewältigung heranzugehen. Der Bestatter soll ganz konkrete Fragen stellen: »Welche Wünsche haben Sie an die Bestattung? Was war Ihnen wichtig am Verstorbenen? Was ist seine Botschaft? Wie möchten Sie bei der Bestattung dem Besonderen des Verstorbenen gerecht werden? Wie möchten Sie gerne Abschied nehmen?« Dabei sollte immer auch Raum gegeben werden für die Gefühle des Schmerzes, der Trauer oder auch der Wut und Enttäuschung. Der Bestatter braucht ein Gespür für die Gefühle der Trauernden, für ihre Verwundbarkeit und Verletzlichkeit, für ihren Schmerz und ihre Ohnmacht. Gerade Trauernde brauchen einen achtungsvollen Umgang, der ihren Schmerz achtet und nicht mit geschäftlichen Verhandlungen zudeckt.

Bestattungsunternehmen, die heute eine neue Trauerkultur und Bestattungskultur entwickeln, erledigen nicht nur die geschäftlichen und organisatorischen Fragen. Aber trotzdem sind diese Fragen wichtig, wie etwa die Verhandlungen mit dem Friedhof, mit Krankenkassen, mit staatlichen Ämtern, ebenso wie konkrete Fragen der Organisation und Gestaltung der Trauerfeier. Aber gute Bestattungsunternehmen bieten darüber hinaus auch Begleitung der Trauernden an. Sie geben der Trauer eine Heimat und lassen die Angehörigen in den Räumen des Bestattungsunternehmens Abschied nehmen von den Verstorbenen. Das Bestattungsunternehmen von Fritz Roth, das heute von seinem Sohn weitergeführt wird, bietet den Hinterbliebenen die Möglichkeit, Tag und Nacht von ihren Verstorbenen Abschied zu nehmen und sich immer wieder auch zu einer Stärkung bei Kaffee oder Tee in angenehm ausgestattete Räume zurückzuziehen. Sie haben eine Trauer-Oase geschaffen. Fritz Roth beschreibt seine Trauer-Oase so: »In den Trauer-Oasen spüren trauernde Menschen Verständnis, Wärme und Herzlichkeit. Trauer-Oasen sind Orte der Ruhe, des Bei-sich-selbst-Ankommens. In ihnen bekommen Sterben, Tod und Trauer den angemessenen Platz zurück, den sie in unserer Gesellschaft verloren haben. Trauer verlangt eine vertraute, warme, angenehme und natürliche Atmosphäre, um in Ruhe und Intensität vom Verstorbenen Abschied nehmen und sich der Realität des Todes bewusst werden zu können. ... Trauer-Oasen sind mit warmen Farben und vertrautem Interieur ausgestattet. Kunst und Natur machen die Gegenwart des Lebens spürbar.«

Die Trauerkultur in einer Gesellschaft ist entscheidend für die Humanisierung der Gesellschaft. Wenn eine Gesellschaft die Trauer verdrängt, wird die Gesellschaft entweder brutal oder oberflächlich. Sie geht in Routine und Aktivismus auf. Aber sie stellt sich nicht der Wahrheit des Todes. Die Trauerkultur schützt die Würde des Menschen. »Ohne Wurzeln keine Flügel« (B. Ulsamer): Trauer gibt uns Anteil an den Wurzeln unserer Vorfahren und beflügelt gerade dadurch unsere Seele, damit wir das Leben leichter nehmen, damit wir uns über die Probleme des Alltags erheben und achtsam und bewusst leben.

Schluss

Die Trauer erschüttert die Fundamente unserer menschlichen Existenz. Aber sie führt uns auch in den Grund unserer Seele, in dem uns das Geheimnis des Lebens aufgeht. Jesus verheißt den Trauernden: »Selig die Trauernden; denn sie werden getröstet werden.« (Mt 5,4) Das griechische Wort heißt: »makarios« = glücklich. Ohne Trauer, so sagt Jesus in diesem Wort, gibt es kein wirkliches Glück. Nur wer bereit ist, den Verlust von lieben Menschen zu betrauern, der wird durch die Trauer und den Schmerz hindurch eine neue Qualität des Lebens erfahren. Jesus nennt diese neue Qualität »Trost«. Wer den Mut hat, durch die Trauer hindurchzugehen, der wird eine neue Festigkeit in seinem Leben erleben. Und er wird Gottes tröstende Nähe erfahren. Gott selbst geht in seine Trauer hinein und verwandelt seine Einsamkeit in eine heilende Beziehung. Wer der Trauer aus dem Weg geht, der versteinert und erstarrt. Und er lebt ständig auf der Flucht vor dem Schmerz der Trauer, der ihn irgendwann einmal einholen wird. Keiner kann ungeschoren seiner Trauer entgehen.

Doch Trauernde brauchen Tröster, die sie in ihrer Trauer begleiten, die mit ihnen durch die verschiedenen Phasen der Rebellion, der Verzweiflung, der Hoffnungslosigkeit und der Einsamkeit mitgehen. Nur so können

Trauernde im Gespräch mit einem, der ihnen beisteht, selber Wege finden, wie sie auf den Verlust des lieben Menschen mit ihrem Leben antworten möchten. Sie werden in sich neue Möglichkeiten entdecken, die sie bisher noch gar nicht wahrgenommen haben. Und sie werden im Gespräch mit einem, der zuhört, ohne zu bewerten oder sofort Ratschläge zu geben, eine neue Beziehung zum Verstorbenen aufnehmen können, so dass der Verstorbene ein innerer Begleiter wird, dass er integriert wird in ihr Leben, mit dem sie auf das Leben und Sterben des Verstorbenen antworten.

Die Trauer ist Liebe über den Tod hinaus. Das ist der Trost, den uns das Geheimnis der Auferstehung Jesu gibt. An Ostern feiern wir, dass die Liebe stärker ist als der Tod. Johannes hat uns das in seinem Osterevangelium geschildert. Da macht sich Maria von Magdala am frühen Morgen auf den Weg, um den zu suchen, den ihre Seele liebt. Sie steht vor dem Grab und weint. Sie lässt ihrer Trauer freien Lauf. Doch gerade die Trauernde wird gewürdigt, dem Auferstandenen zu begegnen. Von Petrus und Johannes wird nicht berichtet, dass sie trauern. Sie schauen nur in das Grab hinein und treten dann ein. Petrus versteht gar nichts, Johannes glaubt und erkennt das Geheimnis der Auferstehung. Aber nur Maria von Magdala wird gewürdigt, den Auferstandenen zu sehen und ihm zu begegnen, weil sie um ihn getrauert hat. Nur die Liebe, die sich in der Trauer ausdrückt, erfährt die Verwandlung, die Maria von Magdala durch die Begegnung mit dem Auferstandenen erfahren hat: die Verwandlung einer traurigen Frau zu einer mutigen Frau, einer Zweiflerin in die Verkünderin des Glaubens, der von Dämonen besetzten und innerlich zerrissenen Frau zu einer Frau, die die Jünger aufrichtet und ihnen die Frohe Botschaft von der Auferstehung verkündet.

Johannes ermutigt auch uns, unserer Trauer Ausdruck zu verleihen. In diesem Buch bin ich Johannes gefolgt und möchte den Lesern und Leserinnen Mut machen, sich ihrer Trauer zu stellen, auch wenn sie manchmal schmerzlich ist. Wer vor der Trauer stehen bleibt, der hat Angst, von ihr überwältigt zu werden. Wer sich in sie hineinwagt, der wird erleben, dass die Trauer sich wandelt. In die Trauer kann sich aber nur der hineinwagen, der das Ziel vor Augen hat, zu dem uns die Trauer führen möchte. Das Ziel ist: eine neue Beziehung zu sich selbst, zum Verstorbenen und zu Gott zu finden. Und das Ziel ist, einen neuen Weg in die Welt zu entdecken, einen Weg, auf dem ich all das, was ich durch den Verstorbenen erlebt habe, in mir selbst verwirkliche und jetzt auf neue Weise in die Welt hineintrage. So wünsche ich allen Trauernden, dass sie durch die Trauer hindurch zu neuer Lebendigkeit finden und auch zu einer stillen Freude, die ihr Leben bereichert. Ich wünsche jedem Trauernden, dass er der Verheißung Jesu trauen kann: »Ihr seid jetzt bekümmert, aber ich werde euch wiedersehen; dann wird euer Herz sich freuen, und niemand nimmt euch eure Freude.« (Joh 16,22) Das Ziel der Trauer ist eine vollkommene Freude (Joh 16,24), eine Freude, die uns niemand nehmen und die durch nichts erschüttert werden kann. Aber es ist eine Freude, die dem Schmerz nicht aus dem Weg geht, die immer wieder auch von den Schmerzen der Trauer erschüttert werden wird:

eine Freude, die auf dem Grund unserer Seele liegt. Dort kann sie niemand aus uns herausreißen. Es ist eine vollkommene Freude, die erfüllt ist von der göttlichen Freude, die unzerstörbar ist.

Den Lesern und Leserinnen, die Trauernde begleiten, wünsche ich, dass sie für die Trauernden zum Trost werden dürfen, dass sie ihnen neue Festigkeit schenken und dass sie den Mut haben, in ihre Einsamkeit hineinzugehen und dort all das Gefühlschaos auszuhalten, in dem Vertrauen, dass die Trauernden durch all diese Gefühle hindurch in ihren Seelengrund gelangen, in dem sie die kostbare Perle finden, von der Jesus im Gleichnis spricht. (Mt 13,4f.) Die Perlen wachsen in den Wunden der Auster. In den Wunden der Trauer wächst in uns eine kostbare Perle, die unserem Leben einen neuen Glanz verleiht. Ich wünsche den Trauerbegleitern, dass sie an diese Perle im Grund der Seele bei jedem Trauernden glauben und dass sie den Trauernden durch ihren Glauben in Berührung bringen mit dem Schatz in ihrem Innern.

Segenskarten für Trauernde

1.

Du betrauerst den Tod eines lieben Menschen. Gottes Segen möge Dich in Deiner Trauer trösten. In der Trauer verlieren wir oft den Grund unter unseren Füßen. Gottes Segen möge Dir festen Grund schenken. Gottes Segen ist bei Dir. Er hüllt Dich ein wie ein schützender Mantel. Er umarmt Dich, damit Du Dich von Gottes Liebe mitten in Deinem Schmerz umarmt fühlst. Die Trauer erschüttert Dein Herz. Manchmal kannst Du nicht klar denken, weil Dir alles sinnlos erscheint. Gottes Segen erklärt Dir nicht den Tod des lieben Menschen. Aber Gottes Segen stärkt Dich. Und Du darfst vertrauen, dass Gottes Segen auch den Verstorbenen in seinem Sterben begleitet und ihn jetzt in den ewigen Segen Gottes aufgenommen hat. Gottes Segen öffne Dir die Augen, dass Du die Botschaft verstehst, die der Verstorbene mit seinem Leben und Sterben an Dich richtet. Dann wird auch der Verstorbene für Dich zum Segen. Gottes Segen stärke Dich in Deiner Trauer und Gottes Segen sei wie ein Schutzraum, in den Du Dich immer zurückziehen kannst, wenn Du den Schmerz nicht aushältst. Stelle Dir vor, dass Gottes Segen Dich jetzt einhüllt, dass Gottes Liebe Dich zärtlich streichelt und dass Gottes Liebe Dich durchdringt und Dich in Deinem Atem streichelt. Sein Segen verwandle Deine Tränen in Dankbarkeit und Deine Trauer in Freude über den Menschen, den Gott Dir geschenkt hat, mit dem Du leben durftest und der nun für immer für Dich da ist, da er von Gott her für Dich zum Segen wird. Amen.

2.

Du bist untröstlich in Deiner Trauer. Ich kann Dir nicht den Trost spenden, den Du brauchst. Ich kann nur mit Dir zusammen und für Dich Gott um seinen Segen für Dich bitten. So lade ich Dich ein, folgendes Segensgebet laut zu beten. Ich spreche jedes Wort mit Dir. Wenn Du an den Worten zweifelst, springe ich für Dich ein und bete weiter. Und wenn Du Widerstand gegen manche Worte spürst, dann formuliere die Worte um, bete so, wie es für Dich stimmt. Ich versuche, Dir Worte zu schenken, die Du in Deiner Sprachlosigkeit beten kannst: »Barmherziger und guter Gott. Du bist mir so ferne. Ich spüre dich nicht. Ich kann den Tod des lieben Menschen, der mir so nahe stand, nicht verstehen. Und ich kann auch nicht voll Vertrauen zu dir beten. Ich bitte dich nur: Umgib mich mit deinem Segen, damit ich nicht allein stehe mit meiner Trauer. Lass deinen Trost in meine Verzweiflung eindringen. Lass deine Liebe in meine Leere strömen. Halte du mich, wo ich haltlos bin. Sprich du zu mir, wo ich sprachlos bin, wo ich keine Worte finde für meine Trauer. Lass dein Licht in meine Dunkelheit dringen und sie erhellen. Und schenke mir in meiner Orientierungslosigkeit wieder einen festen Glauben, einen Halt im Glauben, damit ich nicht versinke im Sumpf meiner Traurigkeit und Verzweiflung. Sei du bei mir mit deinem Segen, damit dein Segen meine Trauer in Freude verwandle, dass dein Segen meine Erstarrung löse und mir neue Lebendigkeit schenke. Darum bitte ich dich mit einem verzagten und doch hoffenden Herzen. Amen.«

3.

Gütiger und barmherziger Gott. Segne mich und halte deine segnende Hand schützend über mich. Dein Segen sei unter mir, deine segnende Hand halte mich von unten, damit ich wieder Boden unter den Füßen spüre. Dein Segen umgebe mich von vorne und von hinten, damit all die Gefühle der Verzweiflung nicht in mich eindringen können. Deine segnenden Hände mögen mich festhalten, damit ich nicht untergehe in meiner Trauer. Und dein Segen führe mich durch die Trauer hindurch in eine neue Beziehung zum Verstorbenen, dass ich ihn/sie als inneren Begleiter erfahren darf, dass ich die Liebe der Verstorbenen in meinem Herzen weiter spüre. Und dein Segen führe mich zu mir selbst, dass ich durch die Trauer hindurch mein wahres Selbst entdecke, das einmalige Bild, das du dir von mir gemacht hast. Lass mich nicht allein in meiner Trauer. Begleite du mich mit deinem Segen. Lasse mich auch erfahren, dass der Verstorbene für mich ein Segen war und jetzt vom Himmel her ein Segen ist und immer sein wird. Und schenke mir das Vertrauen, dass ich selbst zum Segen werden darf für andere Menschen. Darum bitte ich durch Jesus Christus, der den Verstorbenen in sein ewiges Reich gerufen hat, der ihm eine ewige Wohnung bereitet hat, die auch für mich bereitsteht, wenn du mich einmal rufen wirst. So lasse mich durch den Tod hindurch in Liebe verbunden bleiben mit dem Verstorbenen, damit wir uns in deiner Herrlichkeit einst für immer wiedersehen. Amen.